DILE AL DIABLO: "¡ESCRITO ESTÁ!".

El fervor
combativo del
cristiano victorioso

DILE AL DIABLO: "¡ESCRITO ESTÁ!".

A. W. Tozer

CASA
CREACIÓN
Para vivir la Palabra

Para vivir la Palabra

MANTENGAN LOS OJOS ABIERTOS,
AFÉRRENSE A SUS CONVICCIONES,
ENTRÉGUENSE POR COMPLETO,
PERMANEZCAN FIRMES,
Y AMEN TODO EL TIEMPO.
—1 Corintios 16:13-14 (Biblia El Mensaje)

Dile al diablo: "¡Escrito está!", por A. W. Tozer
Publicado por Casa Creación
Miami, Florida
www.casacreacion.com
©2024 Derechos reservados

ISBN: 978-1-960436-42-9
E-book ISBN: 978-1-960436-43-6

Desarrollo editorial: *Grupo Nivel Uno, Inc.*
Diseño interior: *Grupo Nivel Uno, Inc.*

Publicado originalmente en inglés bajo el título:
 I Talk Back To The Devil
 © 2018 por The Moody Institute of Chicago
 820 N. LaSalle Blvd., Chicago, IL 60610.
 Traducido e impreso con autorización.

Impreso en Colombia

24 25 26 27 28 LBS 9 8 7 6 5 4 3 2 1

CONTENIDO

PREFACIO

En vida, el Dr. A. W. Tozer se apresuró a admitir que no podía deleitarse predicando sobre temas referentes a la perfección espiritual debido a lo real que es la oposición de Satanás.

Al predicar los doce sermones que aquí se publican, el pastor Tozer dijo a su congregación de Chicago:

> Nunca he dedicado más tiempo ni más dolor ni más oración a ninguna otra serie de sermones en mi ministerio que a esta. Debido a su importancia, he sentido literalmente a Satanás intentando frustrar el propósito de Dios. He sentido el riguroso contacto del infierno.
>
> Hay tantos en la iglesia que están espiritualmente ciegos que le digo a Dios que quiero poder ver, quiero ser un "vidente" en minúsculas. Quiero penetrar, entender y tener discernimiento con respecto a todo el plan de Dios. Quiero valorar la situación y verla

como él la ve, saber el papel que juega Dios en esta era de confusión religiosa.

Ahora bien, eso no facilita las cosas. No crea ningún problema para que la policía intervenga.

¡Este camino me ha llevado, varias veces, a enfrentar la oposición y la tentación directamente con el enemigo! Pero prefiero que sea así a tener que admitir —como algunos tendrán que hacerlo— que pasaron toda una vida predicando la Palabra de Dios sin haberse encontrado cara a cara con el diablo ¡en combate abierto!

En mi preparación ha habido luchas y combates, lamentos y dolores. Creo que es el conflicto de Jesús que revive en su pueblo. Y varios de ustedes también lo han sentido. Algunos han emergido en una experiencia más nueva, más bendita y más feliz en Dios, ¡que apenas está comenzando para ustedes!

He recibido correo referente a estos sermones. Los valientes firmaron. Los cobardes no escribieron su rúbrica. Su sugerencia parece ser que soy un "fanfarrón" por predicar sobre la perfección y que estoy tratando de conseguir reputación de "santo".

Pero les diré algo: ¡es satisfactorio cuando saben que están lo suficientemente cerca del Adversario como para oírlo rugir! Demasiados cristianos nunca llegan al "país de los leones".

La mayoría de ustedes, que ahora leerán los directos llamamientos del Dr. Tozer a una vida semejante a la de Cristo, no oyeron los sermones tal como se predicaron. Por lo tanto, es nuestra esperanza —como la del Dr. Tozer con sus oyentes— que resistan las tentaciones de convertirse en cristianos "comunes y corrientes" y que sigan adelante hacia la bendita victoria en el "país de los leones".

CAPÍTULO 1

LE CONTESTO AL DIABLO

"El diablo se ocupa de mantener a los cristianos en la esclavitud, atados y amordazados, ¡realmente presos en sus propias ropas mortecinas!".

¿**P**or qué el viejo diablo, Satanás, no se rinde y se retira de la escena cuando una persona se convierte en un creyente cristiano?

Aunque es un enemigo tenebroso y siniestro dedicado a la condenación de los humanos, creo que sabe que es inútil intentar condenar a un hijo de Dios —perdonado y justificado— que está en manos del Señor. Por lo tanto, se convierte en asunto del diablo mantener prisionero al espíritu del cristiano. Él sabe que el cristiano creyente y justificado ha sido levantado de la tumba de sus pecados y delitos. A partir de ese momento, Satanás trabaja mucho más duro para mantenernos atados y amordazados, realmente encarcelados en nuestras propias ropas mortecinas.

Él sabe que si continuamos en esta clase de esclavitud, nunca podremos reclamar nuestra legítima herencia espiritual. Sabe también que mientras sigamos atados a este tipo de esclavitud, no estaremos mucho mejor que cuando estábamos espiritualmente muertos.

Esta es una de las razones por las que los cristianos de las iglesias de hoy se comportan como un rebaño de ovejas asustadas, ¡tan intimidados por el diablo que ni siquiera podemos decir "Amén"!

Admito que, de vez en cuando, se encuentran unos pocos que se alegran infantilmente por todo, pero no es eso a lo que me refiero. A menudo son como niños que juegan en los mercados, sin haberse comprometido nunca seriamente en el conflicto del campo de batalla espiritual.

Muéstrame un individuo o una congregación comprometida con el progreso espiritual con el Señor, interesada en lo que la Biblia enseña sobre la perfección y la victoria espirituales, y te revelaré dónde hay un fuerte e inmediato desafío por parte del diablo.

A Satanás le encanta intimidar

Satanás ha estado en el negocio de intimidar, silenciar y oprimir al pueblo de Dios durante mucho, muchísimo tiempo.

Los ejércitos de Israel experimentaron este tipo de miedo en el valle de Elah, cuando Goliat y los filisteos acampaban en la montaña de enfrente. El rey Saúl estaba al frente de Israel, pero se sentía amargado, temeroso, intimidado a causa de Goliat, el gigante que gritaba a diario con sus insolencias: "¡Yo desafío hoy al ejército de Israel!" (1 Samuel 17:10). Y que el ejército estaba acobardado.

Sin embargo, llegó un hombrecito llamado David, que estaba en perfecta comunión con el Señor. Se nos dice que el espíritu del Señor vino sobre David, que dijo a los israelitas:

> "¡Nadie tiene por qué desanimarse a causa de este filisteo! Yo mismo iré a pelear contra él".
>
> —1 Samuel 17:32

Esa fue la primera palabra de aliento que llegó a aquellas filas de soldados que solo habían podido contemplar con temor a aquel gran gigante que se burlaba de ellos a diario. David estaba confiado y sereno porque conocía y confiaba en la Fuente de toda fuerza. El resultado registrado fue uno de los grandes y milagrosos "vuelcos" de la historia: David y su honda se deshicieron de Goliat de una manera que dio la gloria al Dios de Israel así como la victoria a los ejércitos de Israel.

Estoy seguro de que el hecho de que los cristianos se sientan tan intimidados y silenciados en nuestros días no glorifica en nada a nuestro Dios. Fue Jesucristo, el Señor de la gloria, quien descendió y tomó para sí nuestro cuerpo humano. Era un hombre, nacido de una mujer; un hombre vestido con nuestra propia naturaleza, pero también era Dios.

Fue a la cruz y allí lo sacrificaron. El Padre, Dios todopoderoso, aceptó su sacrificio como el único, último y definitivo cumplimiento y consumación de todos los holocaustos que se habían hecho en los altares judíos. Después de haber estado muerto tres días, resucitó de entre los muertos y salió de la tumba. Al cabo de unos días ascendió como vencedor sobre todas las fuerzas de la muerte y del infierno, y se sentó en medio de las aclamaciones de las huestes celestiales.

Allí está sentado a la diestra de Dios: un hombre vivo, nuestro representante, abogado y gran Sumo Sacerdote. Conscientes de esto, deberíamos ser las personas más intrépidas, más serenas, más felices y más seguras de Dios en todo el mundo.

Sin embargo, Satanás es un viejo dragón que nos desafía hasta este instante. Por eso les dice a los cristianos: "Te desafío, ¿qué puedes hacer al respecto?".

¡Debemos liberarnos!

Será mejor que nos liberemos. Debemos enfrentarnos a los asuntos, las actitudes y las dudas que constituyen nuestros temores, que nos impiden ser cristianos felices y victoriosos con la verdadera libertad de los hijos de Dios. Parece que tememos a muchas cosas.

En primer lugar, ¿sigues temiendo a tus pecados pasados? Dios sabe que el pecado es algo terrible, pero el diablo también lo sabe. Así que nos sigue a todas partes y, mientras se lo permitamos, se burlará de nosotros por nuestros pecados antiguos.

En cuanto a mí, he aprendido a contestarle a ese respecto. Le digo: "Sí, diablo, el pecado es terrible; ¡pero te recuerdo que lo obtuve de ti! Y también te recuerdo, diablo, que todo lo bueno —el perdón, la limpieza y la bendición— ¡todo lo que es bueno lo he recibido gratuitamente de Jesucristo!".

Todo lo que es malo y que me es contrario, lo obtuve del diablo; entonces, ¿por qué debería tener el descaro y la desfachatez de discutir conmigo al respecto? Sin embargo, lo hará porque es diablo, y está empeñado en mantener a los hijos de Dios encerrados en una pequeña jaula, con las alas cortadas para que nunca puedan volar.

En nuestras iglesias cantamos a menudo: "Levántate, alma mía, levántate; deshazte de tus temores y tus culpas". Pero no ocurre nada, y mantenemos nuestros temores. ¿Por qué afirmamos por un lado que nuestros pecados han desaparecido y por otro actuamos como si no hubieran desaparecido?

Hermanos, hemos sido declarados "¡inocentes!" por el tribunal más alto de todo el universo. Aun así, hay cristianos sinceros, que buscan fervientemente el rostro de Dios, que parecen no poder soltarse y encontrar la verdadera libertad. El ropaje de la tumba les hace tropezar cada vez que intentan avanzar un poco más. Satanás utiliza sus pecados pasados para aterrorizarlos.

Ahora bien, de acuerdo a la gracia —tal como se enseña en la Palabra de Dios— cuando Dios perdona a un hombre, confía en él como si nunca hubiera pecado. Dios no tuvo reservas con ninguno de nosotros cuando nos convertimos en sus hijos por la fe. Cuando Dios perdona a un hombre, no piensa: "Tendré que vigilar a este tipo porque tiene un mal historial". No, comienza de nuevo con él como si acabara de crearlo y como si no existiera pasado alguno. Esa es la base de nuestra seguridad cristiana y Dios quiere que seamos felices en ella.

Satanás magnifica los recuerdos

A continuación, ¿estás permitiendo que Satanás magnifique los recuerdos de tus fracasos espirituales? Él siempre los mantendrá ante ti a menos que tomes tu posición y avances en la fe.

El diablo susurrará: "No has avanzado mucho hacia la vida profunda, ¿verdad?".

Te dirá: "Hiciste un gran 'esfuerzo' por querer ser lleno del Espíritu, y realmente fracasaste, ¿no es así?".

Se burlará de ti con el hecho de que puedes haber tropezado en la fe, ¡y quizás más de una vez! El diablo quiere que vivas en un estado de desaliento y remordimiento.

Recuerda que la Biblia no enseña que si un hombre cae, no puede volver a levantarse. El hecho de que caigas no es lo más importante, lo relevante es que seas perdonado y permitas que Dios te levante.

Quizá hayas leído sobre el santo Fletcher, cuya sacra vida llegó a ser tan reconocida que se le llamó "el seráfico Fletcher". Su testimonio revela que tropezó y le falló miserablemente a Dios siete veces. Pero después del séptimo fracaso, se fue a una habitación y no salió hasta que pudo hacer descansar su caso completamente en la fuerza de las manos de Dios. Salió de la habitación diciendo: "Querido Señor, creo que estoy liberado de la esclavitud de mi pecado. Si me guardas y me ayudas, nunca dejaré de decirle al mundo lo que puedes hacer por un hombre". Durante el resto de su vida, Fletcher mostró al mundo el poder de Dios para bendecir y guardar a sus hijos transformados en la tierra.

Si nuestros fracasos van a perturbarnos para siempre, más nos valdría no haber dado nunca el primer paso. Pero Dios lo sabía todo sobre nosotros, y aun así nos amó y deseó lo mejor para nosotros.

Dios conoce a los humanos

La Biblia nos dice, a menudo, que Dios conoce a los humanos mejor de lo que ellos se conocen a sí mismos; así que no tienes que esperar que la información provenga del acusador, el diablo. Dios ha dicho...

> Yo sé bien que eres muy traicionero
> y que desde tu nacimiento te llaman rebelde.
> Por amor a mi nombre contengo mi ira;
> por causa de mi alabanza me refreno,
> para no aniquilarte.
> ¡Mira! Te he refinado, pero no como a la plata;
> te he probado en el horno de la aflicción.
> Y lo he hecho por mí, por mi honor.
> —Isaías 48:8-11

Dios tiene interés en cada uno de nosotros y es por el propio bien de él que nos levantará. Él no nos va a bendecir por nuestro propio bien; nos va a bendecir por el bien de Jesús y por el de su propio nombre.

Si crees que hay alguien en el mundo tan bueno que Dios no podría hacer algo por el bien de esa persona, no conoces el pecado; y si crees que hay algo que Dios no hará por ti debido al bien tuyo y de tu nombre, no conoces a Dios.

Si has fracasado, recuerda que no eres responsable ante los hombres en este sentido. Eres responsable ante tu Padre celestial y ante Jesucristo, que está a la diestra de Dios. ¡Así que animémonos con esta buena noticia!

En tercer lugar, algunos temen perder su reputación de cristianos sobrios, conservadores y tradicionales. En otras palabras, ¡nunca han estado dispuestos a pasar por tontos por amor a Jesús!

Es asombroso que los cristianos genuinos no estén dispuestos a levantarse dondequiera que estén y dar una buena palabra por el Señor. Hay grandes ideologías políticas que están arrasando el mundo en este momento, cuyos miembros son ciegos y sordos por el bien del partido y la causa. Hay sectas religiosas cuyos testigos están dispuestos a ir a la cárcel, a ser maltratados, a ser ridiculizados en aras de una doctrina miserable y retorcida. Pero en nuestras filas cristianas, preferimos ser respetables y tiernos, con fama de ser creyentes cristianos muy serios.

Solo puedo concluir, por mi experiencia, que muchos cristianos formales y profesantes nunca harán ningún progreso espiritual y nunca serán realmente felices en el Señor hasta que Dios encuentre alguna manera de sacudirlos de su mortal respetabilidad.

Charles G. Finney, el gran evangelista estadounidense, conoció esta experiencia al convertirse en el hombre de Dios y en su portavoz de una manera tan profunda —y con unos resultados tan inusuales— que muchos se limitaron a criticarlo y a intentar desanimarlo con gestos de desaprobación.

La reputación es lo de menos

Así ha sucedido con todos los santos de Dios que lo han agradado y alabado a lo largo de los siglos. En algún momento, en su testimonio y expresión del Cristo vivo, han tenido que perder su reputación entre aquellos que han sido tradicionalmente piadosos y sombríos, dogmáticos y cautelosos. Esto sigue ocurriendo en nuestros días y con resultados gloriosos.

Un joven que es director de una de nuestras conferencias bíblicas estadounidenses me ha testificado de cosas grandes y radicales que el Señor ha hecho por él en los últimos meses.

Ahora me doy cuenta de que en mi servicio a Dios fui uno de los jóvenes más seguros de sí mismos, engreídos y horribles que se puedan conocer", me dijo con franqueza. "Podía recaudar dinero, podía desplegar un gran programa y me imaginaba que tenía gran éxito en la obra del Señor.

"Sin embargo, hace poco —en un viaje a Gales— tuve la oportunidad de hablar con algunas personas mayores que recordaban a Evan Roberts y el gran avivamiento galés. Me hablaron de la verdadera obra del Espíritu Santo en la renovación y el avivamiento cristianos, pero yo no sabía muy bien de qué estaban hablando.

"De alguna manera, y ellos no se daban cuenta, era como si me estuvieran enterrando bajo una gran carga de ladrillos aplastantes, y Dios me hablaba de mi propia y enorme carencia espiritual.

Me dijo que se dirigió a la casita donde se alojaba, se arrodilló y empezó a sudar y a clamar ante Dios.

¿Sabes lo que fue eso? Fue el acto de morir. Fue el fin del yo. Ese hombre murió a la reputación, a la habilidad, a la presunción, al éxito, al engreimiento, a la personalidad... ¡a todas esas cosas!

Me dijo: "Señor Tozer, fui lleno del Espíritu Santo, y toda mi vida fue transformada. Ahora solo quiero que esta generación engañada y traicionada vuelva a ver la gloria de Dios".

Entonces le dije: "Hermano, ¿te das cuenta de que si sigues adelante con este mensaje y esta bendición, perderás a algunos de tus mejores amigos fundamentalistas? Dirán que perdiste la razón".

"Ya no me preocupa mi reputación", respondió. "Estoy perfectamente dispuesto porque voy a dejar que el Señor tome el control de todo".

Lo interesante es que él no ha tenido que cambiar ni modificar sus doctrinas, en absoluto; simplemente descubrió que necesitaba el fuego de Dios sobre su doctrina, ¡y lo consiguió!

Miedo al fanatismo

También relacionado con la reputación está el miedo de muchos cristianos a que se les considere fanáticos o extremistas por su fe cristiana. Creo que es irónico que el diablo le proporcione al mundo todos sus fanáticos en cada uno de sus ámbitos —entretenimiento, política, sociedad, educación, anarquía, intriga— ¡y más! Sin embargo, es el mismo diablo el que asusta a los creyentes en cuanto al gran peligro de volverse "extremista".

Hace poco pasé por un auditorio en el que actuaba una de las jóvenes estrellas de la canción. La policía estaba en grandes problemas con la multitud. En un erótico y furioso resultado de aquel concierto, las chicas empezaron a arrancarse la ropa; muchas lloraban y gritaban. A las que se desmayaron las sacaban en brazos.

Es el mismo diablo, pero utiliza tácticas diferentes al tratar con los cristianos. Si un cristiano es bendecido y dice "Amén", el diablo interviene rápidamente y le susurra: "No seas fanático, debes permanecer tranquilo y estable en la fe".

Ah, ¡qué terrible es el diablo! Primero nos asusta y luego nos advierte sobre la necesidad de actuar con precaución en la iglesia.

A algunos cristianos también les asusta mucho el miedo al ostracismo. El diablo les dice: "Ten cuidado con la religión: te sentirás solo. Tendrás que arreglártelas solo".

He oído a uno de nuestros predicadores contar la experiencia que tuvo, hace años, al llegar a una decisión sobre las pretensiones de Cristo en su vida. Fue al final de un servicio, y él estaba de pie con el resto de la congregación mientras se hacía una invitación para pasar al frente en sumisión a la voluntad de Dios. Había una lucha en su propia alma, y sabía que el Espíritu de Dios lo estaba presionando para que tomara la decisión de rendirse por completo y convertirse en un verdadero cristiano comprometido con el Señor.

El diablo, sin embargo, sabe cómo unirse a esos debates y le susurró: "Charlie, debes tener cuidado en este punto. Sabes lo fácil que sería romper tu matrimonio y destrozar tu hogar. Sabes lo seria y conservadora que es tu mujer en lo que se refiere a la religión. No hagas nada que pueda perturbar tu hogar".

Sin embargo, el Espíritu de Dios persistió y Charlie se encontró respondiendo al llamado. Pasó al frente y se arrodilló ante el altar para examinar su corazón y orar.

De repente, le pareció oír a alguien que lloraba a su lado. Entonces pensó que parecía ser su esposa. Al voltear, descubrió que era ella, que había estado a pocos metros detrás de él cuando se dirigió al altar. Juntos se comprometieron con Cristo a servirle.

Durante mucho tiempo, como ves, Satanás había estado diciéndole a Charlie que su esposa nunca estaría dispuesta a ceder a la gozosa entrega a Cristo. ¡Pero el diablo es un mentiroso y padre de mentira! (ver Juan 8:44). Nunca dice la verdad a menos que pueda usarla para azotarte y avergonzarte, ¡o que pueda emplearla en sus intentos de arruinarte o destruirte!

Miedo al santo entusiasmo

También parece haber un temor escalofriante al entusiasmo sagrado entre el pueblo de Dios. Intentamos contar lo felices que somos, pero nos controlamos tan bien que son muy pocas las oleadas de gloria que se experimentan en medio nuestro.

Algunos de ustedes van al partido de béisbol y vuelven apenas susurrando porque están roncos de tanto gritar y animar a su equipo. Pero nadie, en nuestros días, vuelve a casa —de la iglesia— casi afónico debido a los gritos provocados por una manifestación de la gloria de Dios.

En realidad, nuestra apatía respecto a la alabanza en el culto es como un escalofrío interior en nuestro ser. Andamos como bajo una sombra y vestidos con ropas apropiadas para un acto fúnebre. Puedes percibirlo en gran parte de nuestro canto en la iglesia contemporánea.

Tal vez estés de acuerdo en que en la mayoría de los casos es una especie de andar a paso de tortuga, sin la vida interior de bendición, victoria y alegría por la resurrección y el triunfo en el nombre de Jesús.

¿A qué se debe esto? En gran parte se debe a que nos fijamos en lo que somos, ¡en lugar de responder a lo que es Jesucristo! A menudo hemos fracasado y no hemos sido vencedores porque nuestros intentos y esfuerzos han sido con nuestras propias fuerzas. ¡Eso nos deja muy poco por lo cual cantar!

El Dr. A. B. Simpson escribió:

Soldado desmayado del Señor,
Escucha su dulce e inspiradora palabra:
"He vencido a todos tus enemigos,
He sufrido todos tus males.
Soldado luchador, confía en mí,
He vencido por ti".

Este tiene que ser el secreto de nuestra alabanza y nuestro entusiasmo: Jesucristo es el vencedor. Con nuestras propias fuerzas no podemos vencer a nadie ni a nada.

No temas aunque tus enemigos sean fuertes,
No temas aunque la lucha sea larga;
Confía en el poder de tu glorioso Capitán,
Vigila con él una breve hora.
Escucha su llamado:
    "¡Sígueme, he vencido por ti!".

Hermanos, la actividad humana, el sudor y las lágrimas de los hombres no obraron la victoria de Cristo. Hizo falta el sudor, las lágrimas y la sangre del Señor Jesucristo. ¡Se necesitó la dolorosa muerte, la victoriosa resurrección y la ascensión para traernos la victoria!

Debemos confiar

Debemos confiar, confiar plenamente en el Señor Jesús. Solo así podremos vencer el miedo y vivir en bendita victoria.

He tenido momentos en mi vida y en mi ministerio en los que las cargas y las presiones parecían ser demasiado opresivas. A veces el cansancio físico se suma a nuestros problemas y a nuestra tentación por ceder al desánimo y a la duda. En esos momentos parece que ni orando es posible elevarse por encima de la carga. Más de una vez, por una fe que parecía haber sido impartida directamente desde el cielo, el Señor me ha permitido reclamar todo lo que necesitaba para el cuerpo, el alma y el espíritu. De rodillas se me ha dado la libertad y la fuerza para orar: "Ahora, Señor, ya he tenido suficiente de esto, ¡me niego a soportar más de esta pesadez y esta opresión! Esto no viene de Dios, ¡viene de mi enemigo, el diablo! Señor, en el nombre de Jesús, no lo soportaré más; ¡a través de Jesucristo soy victorioso!". En esos momentos, las grandes cargas ¡se derriten y desaparecen de golpe!

Hermanos, Dios nunca quiso que nos dieran patadas como a un balón de fútbol. Quiere que seamos humildes y lo dejemos a él implementar el castigo cuando sea necesario. Pero cuando el diablo empiece a manipularlo, ¡atrévase a resistirlo!

Me posiciono a favor de creer en Dios y desafiar al diablo; a nuestro Dios le encanta esa clase de valentía entre su pueblo.

Si todavía estás envuelto en mortajas y grandes temores se ciernen sobre ti, es hora de que te atrevas a levantarte y con tierna fe en Jesucristo resucitado declares: "No lo soportaré más. Soy un hijo de Dios: ¿por qué he de estar de luto todo el día?".

¿Responderá Dios?

"Muy bien, hijo mío", responderá él mientras la carga se aleja, "he esperado mucho tiempo para oírte decir eso. Jesús es el Vencedor y vences por medio de él".

CAPÍTULO 2

CRISTIANISMO, ¿DIVERSIÓN Y JUEGOS?

"Ciertamente, no todo el misterio de la Divinidad puede ser conocido por el hombre. Pero, con la misma certeza, ¡todo lo que el hombre puede conocer de Dios en esta vida se revela en Jesucristo!".

Algunos creyentes cristianos parecen empeñados en un diálogo interminable sobre eso que llaman la vida más profunda, como si se tratara de un nuevo tipo de diversión o de juego.

Casi me encojo al oír la expresión "la vida más profunda" porque mucha gente quiere hablar de ella como tema, pero nadie parece querer conocer y amar a Dios por sí mismo.

¡Dios es la vida más profunda! El propio Jesucristo es la vida más profunda y, a medida que me sumerjo en el conocimiento del Dios trino, mi corazón avanza hacia la bienaventuranza de su comunión. Esto significa que hay menos de mí y más de Dios; así mi vida espiritual se profundiza y me fortalezco en el conocimiento de su voluntad.

Creo que esto es lo que Pablo quiso decir cuando escribió ese gran deseo: "¡A fin de conocerle!" (Filipenses 3:10). Estaba expresando algo más que el deseo de conocerlo: anhelaba ser atraído al pleno conocimiento de la comunión con Dios, la que ha sido provista en el plan de redención.

Dios creó originalmente al hombre a su propia imagen para que este pudiera conocer la compañía divina en un sentido especial y en un grado que es imposible de experimentar para cualquier otra criatura.

A causa de su pecado, el hombre perdió ese conocimiento, esa asociación diaria con Dios. En el primer capítulo de Romanos, Pablo nos ofrece una vívida imagen de los hombres y las mujeres a los que Dios entregó a una mente réproba porque no quisieron retener a Dios en su conocimiento, al estar entenebrecidos sus necios corazones (ver 1:21, 28).

Este es el retrato bíblico del hombre. Él tiene ese gran potencial de conocer a Dios como ninguna otra criatura puede, pero está perdido; y sin Dios en su conocimiento, su conducta es indigna de su elevado origen, además de que su ser se desespera en su abarcadora vacuidad.

El gran problema del hombre

Esa desesperación, ese vacío y ese extravío, reflejan el gran problema del hombre, porque es una criatura inteligente y moral que ha abandonado su esfera y estado propios de su entorno. ¿Cómo puede conocer otra cosa que la derrota y el dolor sin fin, porque como pecador no está cumpliendo el gran fin para el que fue creado?

Entendemos que Dios creó a todos los seres vivos, cada uno con su propio tipo peculiar de vida. Dios ajustó esa vida en cada caso a su propio entorno. Por lo tanto, mientras cada criatura viviente permanezca en su propio entorno y viva el tipo de vida para el que fue creada, cumple el propósito para el que fue hecha. Así pues, lo máximo que puede decirse de cualquier criatura es que cumplió el propósito para el que Dios la hizo.

Según las Escrituras, solo el hombre fue creado a imagen y semejanza de Dios. No encuentro ninguna referencia en la Biblia que indique que Dios hizo a los serafines o a los querubines, a los ángeles o a los arcángeles a su propia imagen.

Sé que corro el riesgo de que se me malinterprete y quizá de que se me juzgue mal cuando afirmo que el hombre se parece más a Dios que cualquier otra criatura jamás creada. Debido a la naturaleza de la creación del hombre, no hay nada en el universo que se parezca tanto a Dios como el alma humana. Incluso ante el pecado y la condición perdida del hombre, sigue existiendo ese potencial básico en el alma y la naturaleza del hombre que, mediante la gracia, puede llegar a ser más semejante a Dios que cualquier otra cosa del universo.

No hay duda acerca del pecado del hombre; por lo tanto, tampoco hay incertidumbre de que está perdido. El hombre está perdido si no se convierte; está sumido en la vasta oscuridad del vacío. Aunque fue creado para conocer a Dios, eligió el desaguadero. Por eso es como un pájaro encerrado en una jaula o como un pez sacado del agua. Esa es la explicación de los actos vergonzosos del hombre: ¡guerra y odio, asesinato y codicia, hermano contra hermano!

Una vez los hombres inteligentes nos dijeron que la ciencia, la filosofía, la psiquiatría y la sociología pronto harían del mundo un lugar mejor en el cual vivir. Sin embargo, a medida que pasa el tiempo, los hombres están unos contra otros como nunca antes y existe la mayor cantidad de odio, sospecha, anarquía, traición, espionaje, asesinatos y actos criminales de todo tipo en la historia del mundo.

Una buena palabra

¿Existe aún una buena palabra para el hombre en su condición perdida? ¿Hay alguna respuesta para el hombre en quien hay esa búsqueda instintiva, y anhelo por la imagen perdida y el conocimiento del Ser Eterno?

Sí, hay una respuesta positiva que se encuentra en la Palabra de Dios, y enseña al hombre pecador que aún le es posible conocer a Dios. La Biblia nos enseña que Dios no ha abandonado a la raza humana como lo hizo con los ángeles que pecaron y renunciaron a su primer estado.

Si estudiamos la Palabra de Dios, debemos llegar a la conclusión de que Dios abandonó a los ángeles pecadores porque no habían sido creados a imagen de él. Eran criaturas morales, capaces de tener percepción moral y espiritual, pero no fueron hechos a imagen de Dios.

¿Y por qué ha dado Dios al hombre pecador otra oportunidad de salvación mediante los méritos de un Redentor? Solo porque fue hecho a imagen de Dios, que ha expresado su propio amor eterno por el hombre mediante la entrega de su Hijo.

Ahora bien, la Biblia tiene mucho que decir sobre la manera en que el hombre pecador puede entrar en la comunión y la presencia de Dios, y todo tiene que ver con el perdón, la gracia, la regeneración y la justificación en Jesucristo. Todo se reduce a la enseñanza de que Jesucristo es todo lo que es la Divinidad. La imagen del Dios invisible (Colosenses 1:15), el resplandor de su gloria, la imagen expresa de su persona (Hebreos 1:3), ¡todo esto lo encontramos en y a través de Jesucristo!

Creemos con regocijo que Jesucristo fue engendrado por el Padre (Juan 1:14), antes de todos los siglos (Juan 1:1), que es Dios de Dios, Luz de luz, Dios verdadero de Dios verdadero, engendrado y no hecho, de una sustancia con el Padre, y que por él se hicieron todas las cosas (ver Colosenses 1:16).

Mira más allá de los términos modernos

Te aconsejo que no escuches a los que se pasan el tiempo degradando a la persona de Cristo. Te sugiero que mires más allá de lo impreciso de los términos modernos utilizados por aquellos que ni siquiera saben quién fue Jesucristo, en realidad.

No se puede confiar en el hombre que solo puede decir: "Creo que Dios se reveló a través de Cristo". Averigua lo que realmente cree sobre la persona del Hijo de Dios encarnado.

No se puede creer en el individuo que solo dice que Cristo reflejó más de Dios que otros hombres. Tampoco puedes confiar en aquellos que enseñan que Jesucristo fue el más grande de los genios religiosos, que tuvo la capacidad de captar y reflejar más de Dios que cualquier otro hombre.

Todos esos planteamientos son insultos a la persona de Jesucristo. Él era, es y nunca puede dejar de ser Dios; de modo que cuando lo encontramos y lo conocemos, ¡estamos de nuevo en la antigua fuente! ¡Cristo es todo lo que la Divinidad es!

Esta es la maravilla, el gran milagro: que por un acto rápido, decisivo y considerado de fe y oración, nuestras almas regresen a la antigua fuente de nuestro ser, y comencemos de nuevo. Esto significa ir nuevamente más allá de los ángeles, ir más allá del principio del mundo, ir más allá de donde empezó Adán, ir a la fuente gloriosa y fluyente que llamamos Dios, ¡el Dios trino!

Es en Jesucristo mismo en quien encontramos nuestra fuente, nuestra satisfacción. Creo que esto es lo que John Newton captó en el milagro del nuevo nacimiento, lo que lo hizo cantar: "Que ahora descanse mi corazón, por tanto tiempo dividido, anclado a este centro de dicha, que descanse" (de "O Happy Day", de Philip Doddridge, 1755).

¿Puede haber alguna explicación para el hecho de que parezcamos saber tan poco de Jesucristo incluso después de que él se haya puesto a sí mismo —como también sus bendiciones— tan fácilmente a disposición de sus hijos creyentes?

Parte de la respuesta puede encontrarse en nuestro propio razonamiento humano, que tan fácilmente se desanima ante la infinitud de Dios y su carácter.

A. W. TOZER

Nunca se puede saber todo

Hermanos, es bueno que recordemos —como seres humanos— que nunca podremos conocer a toda la Divinidad. Si fuéramos capaces de conocerla perfectamente, seríamos iguales a Dios. Por ejemplo, sabemos que no podemos verter un litro entero de agua en un recipiente cuya capacidad es inferior a un litro. Así pues, nunca se podría verter toda la Divinidad en la experiencia de ningún ser que sea menos que Dios mismo.

Un tipo similar de ilustración fue utilizado hace mucho tiempo por los antiguos padres de la Iglesia cuando argumentaban a favor de la Trinidad Divina. Señalaron que Dios, el Padre eterno, es un Dios infinito y es amor. La naturaleza misma del amor es darse a sí mismo, pero el Padre no podía dar plenamente su amor a nadie que no fuera plenamente igual a él. Así pues, tenemos la revelación del Hijo que es igual al Padre y la del Padre eterno derramando su amor en el Hijo, que podía contenerlo, porque el Hijo es igual al Padre. Además —razonaron esos antiguos sabios—, si el Padre derramara su amor en el Hijo, se requeriría un medio de comunicación igual tanto al Padre como al Hijo, que es el Espíritu Santo. Así es que tenemos su concepto de la Trinidad: el antiguo Padre en la plenitud de su amor derramándose a través del Espíritu Santo, que es en esencia igual a él, en el Hijo que es en esencia igual al Espíritu y al Padre.

Es cierto que no todo el misterio de la Divinidad puede ser conocido por el hombre, pero con la misma certeza, todo lo que el hombre puede conocer de Dios en esta vida se revela en

Jesucristo. Cuando el apóstol Pablo dijo con anhelo: "A fin de conocer" (Filipenses 3:10), no estaba hablando de conocimiento intelectual, el que se puede aprender y memorizar, sino de la realidad de una experiencia, la de conocer a Dios de una manera personal y consciente, espíritu con espíritu y corazón con corazón.

Hay muchos en las iglesias de nuestros días que hablan algo del lenguaje cristiano pero que conocen a Dios solo de oídas. La mayoría de ellos han leído algún libro sobre Dios. Han visto algún reflejo de la luz de Dios. Pueden haber oído algún débil eco de la voz de Dios, pero su propio conocimiento personal de Dios es muy escaso.

Adornos religiosos

Muchos cristianos se forjan su reputación asistiendo a la iglesia, participando en actividades religiosas, en el compañerismo social, las sesiones de canto... porque en todas esas cosas pueden apoyarse unos a otros. Pasan mucho tiempo interactuando con los demás, como religiosos, en los círculos cristianos.

Cuando Jesús estaba aquí en la tierra, la historia muestra que tenía trabajo por hacer y también era muy activo; se dedicaba a predicar, a sanar, a enseñar, por lo que respondía preguntas y bendecía a la gente. También conocía la comunión de sus hermanos, los que lo seguían y lo amaban. Pero estas eran cosas incidentales en la vida de Jesús comparadas con su comunión y su conocimiento personal del Padre. Cuando Jesús fue a la montaña para orar y esperar en Dios toda la noche, no estaba solo, pues sabía que la presencia consciente del Padre estaba con él.

En nuestro servicio cristiano de hoy se nos presiona constantemente para que hagamos esto o aquello y para que vayamos aquí o allá. Cuán a menudo dejamos de percibir, por completo, la presencia consciente de Dios; con el resultado de que ¡solo lo conocemos de oídas!

Insisto, parte de la respuesta que buscamos es el hecho de que muchos cristianos profesantes solo quieren aprovecharse de Dios. Cualquiera puede escribir ahora un libro que se venda; basta con ponerle un título como ¡*Diecisiete maneras de obtener cosas de Dios!* Las ventas serán inmediatas. O escribe uno titulado *Catorce maneras de tener paz mental* y se venderán por toneladas. Muchas personas parecen estar interesadas en conocer a Dios por lo que puedan conseguir de él.

No parecen saber que Dios quiere darse a sí mismo. Quiere impartirse a sí mismo con sus dones. Cualquier don que él nos dé estaría incompleto si estuviera separado del conocimiento de Dios mismo.

Busca a Dios mismo

Si yo orara por todos los dones espirituales enumerados en las epístolas de Pablo y el Espíritu de Dios considerara oportuno concedérmelos todos, sería extremadamente peligroso para mí si, al darlos, no se diera también a sí mismo.

Hemos mencionado la creación y el hecho de que Dios ha creado un entorno para todas sus criaturas. Dado que Dios hizo al hombre a su imagen y lo redimió con la sangre del Cordero, el corazón de Dios mismo es el verdadero entorno para el cristiano. Si hay aflicción en el cielo, creo que debe provenir del hecho de que queremos los dones de Dios, pero no queremos a Dios mismo como nuestro entorno.

Solo puedo decir que si Dios te da una rosa sin darse a sí mismo, lo que te está dando es una espina. Si Dios te da un jardín sin darse a sí mismo, el jardín que te está dando viene con serpiente y todo. Si te da vino sin conocer al Dios que te lo da, te está dando aquello con lo que puedes destruirte a ti mismo. Es decir, la sabiduría y la instrucción divina son necesarias para usar adecuadamente lo que se nos da, ya que sin ellas, incluso los regalos aparentemente buenos pueden ser mal utilizados y causarnos daño.

Creo que debemos repudiar esta tendencia moderna de buscar a Dios por sus beneficios. El Dios soberano quiere ser amado por lo que es y ser honrado por Sí mismo, pero eso es solo una parte de lo que desea. La otra parte es que quiere que sepamos que cuando lo tenemos a él, lo tenemos todo; no nos falta nada. Jesús lo dejó claro cuando dijo: "Busquen primeramente el reino de Dios y su justicia, entonces todas estas cosas les serán añadidas" (Mateo 6:33).

Parece que los cristianos han pasado por un proceso de adoctrinamiento y lavado de cerebro, por lo que nos ha resultado fácil adoptar una especie de credo que hace que Dios sea nuestro siervo en vez de que nosotros seamos los siervos de él.

¿Por qué alguien tendría que escribir un libro instruyéndonos sobre "Cómo orar para que Dios envíe el dinero que necesitamos"? Cualquiera de nosotros que haya experimentado una vida y un ministerio de fe puede contar las maneras en que el Señor ha provisto para sus necesidades. Mi esposa y yo probablemente habríamos pasado hambre en aquellos primeros años de ministerio si no hubiéramos podido confiar plenamente en Dios en cuanto a la provisión de alimentos y todo lo que necesitábamos. Por supuesto, creemos que Dios puede enviar dinero a sus hijos creyentes, pero sería algo muy frívolo entusiasmarse por el dinero y no dar la gloria a Aquel que es el dador.

Muchos se afanan "usando" a Dios. Usan a Dios para conseguir un trabajo. Usan a Dios para que les dé seguridad. Usan a Dios para que los tranquilice. Usan a Dios para obtener éxito en los negocios. Usan a Dios para conseguir, al fin, el cielo.

Debemos aprender

Hermanos, debemos aprender —lo más pronto que podamos— que es mucho mejor tener a Dios primero —aunque solo tengamos unos pocos centavos— que poseer todas las riquezas y toda la influencia del mundo.

Juan Wesley creía que los hombres debían buscar —por sobre todas las cosas— a Dios porque él es amor; por lo que aconsejó a la gente de su época lo siguiente: "Si alguien viene predicando y les dice que busquen algo más que el amor, no lo escuchen, no lo escuchen". Creo que en nuestros días necesitamos una reconvención como esta: "Busquen más a Dios, solo búsquenlo a él". Si nos tomáramos esto en serio, pronto descubriríamos que todos los dones de Dios vienen acompañados del conocimiento y la presencia del propio Dios.

En realidad, cualquier cosa o persona que me impida conocer a Dios de una manera vital y personal es mi enemigo. Si es un amigo el que se interpone en mi camino, ese amigo es un enemigo. Si es un don el que se interpone entre nosotros, ese don es un enemigo. Puede ser una ambición, puede ser una victoria del pasado, incluso puede ser una derrota que todavía me molesta: cualquier cosa que se interponga entre el Señor y yo se convierte en mi enemigo y puede impedirme un mayor conocimiento de Dios.

¿Has participado en este abaratamiento del evangelio pretendiendo hacer de Dios tu sirviente? ¿Has permitido que la desnutrición llegue a tu alma porque has estado esperando que Dios viniera con una cesta de regalos para ti?

Quizá algunos de nosotros tendamos a pensar en Dios como si estuviera de pie, lanzando monedas de un dólar a los niños; así como lo hacía John D. Rockefeller. ¿Es posible que los cristianos se dediquen a buscar esas brillantes monedas y luego escriban un tratado sobre ello, con un título como "¡Encontré una moneda reluciente de un dólar y tenía la imagen de Dios en ella!?".

Hermano, no intentemos comparar nada de eso con el profundo y satisfactorio conocimiento de Dios. ¡Conócelo a él! ¡Continúa conociéndolo! De forma que, si alguien viene a citar las Escrituras y a argumentar que su experiencia es del todo errónea, puedas responderle: "Usted es un buen expositor; pero resulta que yo conozco a mi Señor, y lo amo solo por lo que es".

Esto es todo lo que el Señor desea con nosotros y, con ello, cumplimos el propósito para el que nos creó.

CAPÍTULO 3

PISA EL FRENO SIEMPRE

"El cristiano moderno promedio no es como Cristo. Se apresura a defender sus defectos, sus debilidades y sus derrotas con una indignación ardiente y apasionada".

P arece que hemos llegado a un momento en la iglesia cristiana en el que se ha vuelto embarazoso preguntar sin rodeos y con muchas palabras: "¿Hay alguien que busque alcanzar un estado de perfección espiritual?".

Es evidente que muchas personas se ponen nerviosas e incómodas, incluso en nuestros círculos cristianos evangélicos, cuando intentamos sacar a relucir este tema de la perfección espiritual. Me asombra que los cristianos puedan seguir leyendo los enérgicos llamados del Señor Jesucristo y los apóstoles a lo largo del Nuevo Testamento a que busquen un anhelo espiritual más ferviente, ¡y aun así lo rechacen!

¿Cuál es el concepto de cristianismo que proclaman? ¿Creen que es en parte religión y en parte juego y diversión social? ¿Rechazan el verdadero concepto de cristianismo: que nuestra vida espiritual es realmente un campo de batalla, la preparación para una vida superior que está por venir? Si la cruz de Jesucristo significa lo que realmente es para nosotros y sabemos que debemos cargarla —y hasta morir en ella—, para luego levantarnos y vivir por encima de ella, tendremos un deseo constante de avanzar y ganar terreno espiritual.

Las personas nerviosas que quieren detener eso, que sienten la necesidad de ser moderados en lo relativo al deseo espiritual y el anhelo de la perfección, utilizan a menudo la expresión: "¡No nos pongamos fanáticos con esto!".

¿Es fanatismo?

Solo puedo preguntar: ¿Es fanatismo querer seguir hasta que se pueda amar perfectamente a Dios y alabarlo de forma perfecta?

¿Es fanatismo sentir la alegría divina dentro de tu corazón? ¿Es fanatismo estar dispuesto a decir: "¡Sí, Señor! Sí, Señor!" y vivir así diariamente en la voluntad de Dios para que estés viviendo en el cielo mientras vives en la tierra?

Si eso es fanatismo, entonces es el fanatismo de los patriarcas del Antiguo Testamento y de la ley; es el fanatismo del salmista y de los profetas y también el de los escritores del Nuevo Testamento.

Tendría que ser el fanatismo que nos dio el metodismo, que nos dio el Ejército de Salvación, el que dio origen a los moravos y a toda la Reforma. Es el fanatismo que nos dio a todos los amigos de Dios que nos aferramos a la verdad; el fanatismo que —en última instancia— dio origen a nuestra denominación Alianza Cristiana y Misionera.

A lo largo del tiempo, han existido santos sencillos, santos simples, personas santas que no se entregaban a los triviales caminos del mundo. Poco apreciados, a menudo desconocidos, se les ha hallado en muchos lugares.

La historia nos cuenta cómo fueron sal para las naciones, incluso en los tiempos más difíciles. Se propusieron vivir una perfección espiritual o, al menos, empezaron a ejercitar la perfección espiritual día a día. Así fue que, cuando llegó el tiempo de la Reforma, había un terreno fértil en el cual sembrar la semilla.

Lutero, incluso con su fuerte presencia, nunca podría haber hecho lo que hizo si no hubiera habido una preparación por parte de John Tawler y otros como él, que recorrieron la tierra predicando este tipo de deseo y anhelo espiritual.

Ustedes que estudian la Palabra de Dios saben muy bien que el anhelo de seguir la voluntad de Dios es el estado de ánimo y el temperamento de la ley, los salmos, los profetas y los escritores del Nuevo Testamento.

Aquellos de ustedes que han llegado a leer los grandes libros devocionales de la fe cristiana saben también que este anhelo de perfección era lo que ansiaban todas las almas ejemplares que han vivido. Ellos han escrito nuestras grandes obras de fe, amor y devoción, y han compuesto nuestros himnos más sublimes. Es vergonzoso que nosotros, como indignos descendientes espirituales de esos grandes padres, usemos tan a menudo sus himnos sin ninguna conciencia espiritual de lo que estamos cantando.

Verdad a medias

Esta es una de las características de nuestro tiempo moderno: muchos se limitan a tratar a medias con la verdad del evangelio.

Me pregunto si te das cuenta de que, en muchos sentidos, la predicación de la Palabra de Dios se está degradando a la mediocridad de los ignorantes y los livianos espiritualmente; al punto que hay que contar historias y chistes en los púlpitos a fin de entretener y divertir a unas cuantas personas de la audiencia. Hacemos estas cosas para tener cierta reputación y que haya dinero en la tesorería para hacer frente a las responsabilidades financieras de la iglesia.

Creo que hay que ser sinceros al respecto: admitamos que tenemos que bajar la aplicación del evangelio no al nivel de quien está realmente sediento de Dios, sino al del que es el más carnal, el más santurrón, el que vive su fe de manera superficial y débil, con poco compromiso.

En numerosas iglesias, el cristianismo ha sido diluido a tal punto que si fuese veneno, no lastimaría a nadie, y —si fuera medicina— no sanaría a nadie.

Ahora quiero llevarte a mi postulado de que la mayoría de los cristianos actuales llevan vidas arruinadas.

Repito: ¡La mayoría de los cristianos modernos llevan vidas arruinadas!

La mayoría de los cristianos no son personas alegres porque no son personas santas, y no son personas santas porque no están llenas del Espíritu Santo, y no están llenas del Espíritu Santo porque no son personas separadas.

El Espíritu no puede llenar a quien no puede separar para él, y a quien no puede llenar, no puede hacerlo santo, y a quien no puede hacer santo, no puede hacerlo feliz.

Ahí lo tienen: mi postulado es que el cristiano moderno, aunque haya aceptado a Cristo y haya nacido de nuevo, no es una persona alegre porque no es santo.

No como Cristo

Mi postulado insiste, además, en que el cristiano moderno promedio no se parece en nada a Cristo. La prueba de ello es evidente en la disposición que encontramos entre los hijos de Dios. Si yo no tuviera cierto grado de visión profética para ver a lo largo de los años y estuviera dispuesto —como los profetas— a dormirme sin haber visto el cumplimiento de las promesas, me sentiría profundamente decepcionado al saber que he predicado a algunas personas que siguen teniendo graves defectos de disposición. Además, tienen debilidades morales y sufren frecuentes derrotas.

Tienen un entendimiento embotado y a menudo viven muy por debajo de la norma de las Escrituras y, por tanto, fuera de la voluntad de Dios. Lo peor de todo es que muchos que están en esa condición defenderán sus defectos, sus debilidades y derrotas con una indignación ardiente y apasionada.

No debería sorprendernos demasiado esta condición espiritual inferior, puesto que se describe a menudo en la Biblia. Recordarás una advertencia que se dijo respecto a Israel, el pueblo de Dios, primero en el Antiguo Testamento y luego en el Nuevo: Aunque los hijos de Israel fueran en número como la arena a la orilla del mar, solo se salvaría un remanente.

Nuestro Señor mismo dijo en el registro del evangelio que el amor de muchos se enfriaría. En las cartas a las siete iglesias en Apocalipsis, tenemos descripciones de congregaciones que funcionan como iglesias pero que han perdido su primer amor, están frías y tienen mucho mal con ellas espiritualmente.

Lee en el Nuevo Testamento y encontrarás que hubo personas que rechazaron por completo las enseñanzas de Jesús, a pesar de que vivía y servía en medio de ellos.

Cuatro etapas

Lo que quiero decir aquí es que hay al menos cuatro etapas diferentes y distintas de experiencia y madurez cristianas que encontramos sistemáticamente entre los hijos profesantes de Dios. Para que no haya malentendidos ni interpretaciones erróneas, debo dejar claro que se trata de cuatro etapas muy evidentes de vida y disposición espiritual que se encuentran entre nosotros todos los días, pero no de cuatro obras de gracia.

Puedo oír a alguien decir: "He oído hablar de dos obras de la gracia, e incluso he oído de algunos que enseñan que hay tres, ¡pero ahora Tozer enseña cuatro!".

No, ¡no cuatro obras de gracia!

Me referiré a una de las grandes almas de Dios antiguas y a su libro *La nube del desconocimiento*. No sabemos el nombre del santo que hace más de 600 años escribió esa obra con el propósito, como lo declara él, "de que los hijos de Dios puedan seguir siendo 'uno' con Dios".

Al principio de su libro, exhaló una breve oración de anhelo y devoción, a la que recurro a menudo por el bien de mi propio espíritu.

Dijo: "¡Oh Dios, a quien todos los corazones están abiertos, y a quien toda voluntad habla, y a quien ninguna cosa privada se oculta, te suplico que limpies la intención de mi corazón con el don inefable de tu gracia, para que pueda amarte perfectamente y alabarte con dignidad!".

En esta oración, lo primero que él reconoce es que a la vista de Dios todos los corazones están abiertos y son plenamente conocidos. Dios puede ver dentro. Aunque cierres tu corazón, lo asegures con llave y te deshagas de ella, Dios sigue viendo dentro de tu corazón.

"Y a quien todo lo quiere le habla", esta es una de las doctrinas de la Biblia y enfatizada fuertemente en su libro, que la voluntad del corazón de un hombre es la oración. Siglos más tarde Montgomery lo expresó: "La oración es el deseo sincero del alma no manifestado ni expresado". En otras palabras, lo que deseas en tu corazón es elocuente, y Dios siempre está escuchando lo que deseas, lo que estás decidido a hacer y lo que planeas.

"Y a quien nada se le oculta", ya que nada puede guardarse como secreto para el Dios vivo.

Por tanto, "te suplico que limpies la intención de mi corazón con el don inefable de tu gracia, para que pueda amarte perfectamente y alabarte con dignidad".

Sin fallos ni errores

No puedo discernir ningún rastro de falla o error teológico en esta oración de devoción y anhelo, exhalada hace mucho tiempo por este santo de Dios.

"¡Oh Dios, fija mi corazón para que pueda amarte perfectamente y alabarte con dignidad!". No hay nada extremo ni fanático con eso. El verdadero hijo de Dios dirá "Amén" a este deseo interno del individuo en cuanto a amar perfectamente a Dios y a alabarlo dignamente.

Él señala: "Encuentro cuatro grados y formas de vida de los hombres cristianos". Las nombra: "común", "especial", "singular" y "perfecta".

Fue franco al contar cómo vivían los cristianos hace seis siglos. Creo que este antiguo santo habría sido un evangelista excepcional y eficaz. Si hubiera venido 600 años después, ¡cómo podríamos haberlo utilizado en nuestros campamentos y conferencias!

Conocía las categorías entre los cristianos de entonces, mismas que creo podemos ver hoy.

Hay cristianos "comunes", ¡y Dios sabe la turba que somos!

También está el cristiano "especial". Que ha avanzado un poco. Luego está el cristiano "singular", que es inusual.

Pero ahora, este hombre que es nuestro maestro por el momento continúa: "Estas tres primeras etapas, común, especial y singular, pueden comenzar y terminar en esta vida. Pero la cuarta, la del cristiano perfecto, puede comenzar aquí por la gracia de Dios, pero durará sin fin en la dicha eterna".

Así que ya ves que ni él ni yo somos "perfeccionistas" al punto de andar por ahí con una benigna sonrisa de San Francisco, como diciendo: "¡Soy perfecto; no me molestes!". Siempre encontraremos que queda terreno por recorrer aunque hayamos entrado en el principio de la perfección espiritual.

Hay una advertencia interesante del autor de *La nube del desconocimiento* en la que pide que solo lean o consideren sus escritos los que se tomen en serio su camino hacia la perfección.

Él escribió: "Ahora, te ordeno y te suplico, en el nombre del Padre y del Hijo y del Espíritu Santo, que no leas este libro, ni lo escribas, ni lo hables, ni permitas que sea leído, a menos que sea alguien que por una voluntad verdadera y por una intención sana, se haya propuesto ser un perfecto seguidor de Cristo".

En otras palabras, lo que está diciendo es: "Se trata de un asunto tan serio y de tanto peso, que nadie debe andarse con tonterías al respecto, ni ser meramente curioso o casual: solo aquellos que han tomado una decisión y tienen una verdadera voluntad y toda la intención de ser un perfecto seguidor de Jesucristo".

La curiosidad no basta

El antiguo santo dice entonces: "Mi intención nunca fue escribirles tales cosas, por lo tanto, quisiera que no se entrometieran aquí, ni ellos ni ninguno de estos curiosos, ni letrados ni iletrados".

Así que si el único interés que tienes por la vida espiritual más profunda se basa en la curiosidad, ¡no es suficiente, independientemente de tu educación o erudición!

En nuestros días estamos asistiendo a un gran renacimiento del interés por el misticismo, supuestamente un enorme interés por la vida más profunda. Pero me parece que gran parte de este interés es académico y se basa en la curiosidad. Nos interesamos por aspectos de la vida cristiana más profunda del mismo modo que lo hacemos por dominar el yo-yo o las canciones folclóricas o incursionar en la arquitectura coreana o cualquier otra cosa que nos intrigue. Ahora puedes ir a cualquier parte y comprar un libro sobre la vida más profunda porque hay curiosos que están saturando el mercado.

Pero este santo de antaño dijo: "No quiero que ningún curioso, meramente curioso, se moleste siquiera por esto, porque nunca sacará nada de ello".

Creo que también lo oigo decirme: "Tozer, por la gracia de Dios en el poder de la Trinidad, te ruego que no prediques esto a menos que la gente esté decidida de corazón a ser perfecta seguidora de Cristo".

Sin embargo, es la sangre de Jesús la que marca la diferencia, y debido a la esperanza de que por la sangre de Jesús seremos dignos de escuchar, es que difiero con el viejo santo en este punto.

Hermanos, no estoy dispuesto a retener los secretos del poder espiritual de aquellos que pueden recibirlos solo porque hay otros que no pueden. No voy a retener el secreto de la vida victoriosa a los que pueden entenderlo y desearlo por culpa de aquellos que son meramente curiosos y desanimados. Debemos dejar la clasificación en manos de Dios. La prueba en los asuntos de la vida espiritual la pone el Espíritu de Dios, no los pastores ni los predicadores.

Probado inconscientemente

Tenemos muchos ejemplos de hombres y mujeres que son probados inconscientemente en las Escrituras, pues el Espíritu Santo rara vez le dice a la persona que está a punto de ser probada.

Cuando acudes a un médico para someterte a un análisis o a un examen en el aula, la prueba es consciente y deliberada. Conscientemente y a sabiendas, te sometes a una prueba para averiguar en qué punto te encuentras o si puedes cumplir los requisitos.

Pero, en las Escrituras, los tiempos de prueba eran raramente conocidos por aquellos que estaban siendo probados, y esa es una idea aleccionadora.

Abraham estaba siendo puesto a prueba cuando se le pidió que abandonara Ur de los caldeos, pero él no lo sabía. Y cuando el Señor le pidió que llevara a su único hijo a la montaña, pensó que le estaba dando una orden. No sabía que estaba siendo puesto a prueba.

Pedro fue puesto a prueba inconscientemente. Pablo también fue puesto a prueba. Llega un momento en que hemos oído suficiente verdad y hemos tenido suficiente oportunidad, por lo que el Espíritu Santo dice: "¡Hoy, este hombre va a ser probado!".

El pueblo de Israel, en su tiempo de prueba, llegó a Cadesbarnea y en vez de cruzar a la tierra, dijeron: "No pasaremos". No eran conscientes de la prueba, por lo que volvieron atrás. No se dieron cuenta de que se estaban condenando a sí mismos a cuarenta años vagando sin rumbo e inútilmente por las arenas del desierto. El Señor no les había dicho: "Ahora levántense todos. ¡Respirad hondo! Esto va a ser una prueba". Simplemente les dejó hacer su propia prueba… y la reprobaron.

Es algo solemne y aterrador en este mundo de pecado y demonios, darse cuenta de que alrededor del ochenta o noventa por ciento de las personas a las que Dios está poniendo a prueba la reprobarán.

El Señor hará su propia clasificación; todos nosotros debemos ser conscientes de que estamos en una época en la que cada día es un día de prueba. Algunos llegan a su Cades-barnea y dan media vuelta. Otros simplemente se paran y miran al otro lado del río. Solo sienten curiosidad.

¿Hay alguien que busque la perfección espiritual, alguien con un deseo sincero de ser semejante a Cristo, de parecerse cada día más a Jesucristo?

CAPÍTULO 4

¡NO PUEDES SER UN BEBÉ TODA LA VIDA!

"Dios no es honrado cuando nuestro desarrollo está estancado. El Nuevo Testamento enseña que debemos alcanzar la madurez absoluta, que la mediocridad no es lo mejor que Jesús ofrece".

Durante mucho tiempo me he resistido y he argumentado en contra de la suposición de que todos los cristianos son iguales y que no se pueden hacer distinciones entre ellos.

"¡Todos los cristianos son santos a los ojos de Dios y se acabó el asunto!", me han dicho.

Conozco todas las tesis, pero no me satisfacen a la luz de las palabras de Jesús y las enseñanzas de los apóstoles. Sigo pensando que debemos predicar, instruir e instar a las personas que siguen caminos cristianos comunes y corrientes a que avancen y alcancen la victoria espiritual que aún no han conocido.

Si todos los cristianos son iguales en posición y estatus, ¿por qué habló Jesucristo de tres distinciones en la vida cristiana: "cien, sesenta y treinta" (ver Mateo 13:8, 23)? ¿Por qué dijo que algunos estarán capacitados para gobernar a muchas ciudades y otros a pocas? ¿Por qué enseñó que algunos deberían tener posiciones más altas que otros en el reino de Dios?

Si todos somos iguales y hemos llegado al mismo lugar y a la misma condición, ¿por qué el apóstol Pablo les dijo a los cristianos filipenses: "Lo he perdido todo a fin de conocer a Cristo, experimentar el poder que se manifestó en su resurrección ... y llegar a ser semejante a él en su muerte. Así espero alcanzar la resurrección de entre los muertos" (Filipenses 3:8-11)?

El significado completo

¿Has reflexionado alguna vez sobre el significado completo del tan citado versículo del Antiguo Testamento, Proverbios 4:18: "La senda de los justos se asemeja a los primeros albores de la aurora: su esplendor va en aumento hasta que el día alcanza su plenitud"?

He comparado este versículo en varias traducciones. Goodspeed indica: "El camino de los justos es como la luz del alba que brilla cada vez más hasta que el día es pleno". Rotherham dice: "El camino de los justos es como la luz del amanecer que avanza y brilla hasta que el día es radiante".

Sin embargo, se trata de una expresión inspirada relativa a una verdadera relación con Dios. A través de ella, el escritor nos dice que cuando una persona se convierte en cristiana, sale el sol. Por tanto, su experiencia a lo largo del camino debe ser como la aparición del alba y el resplandor de la luz, que brilla cada vez más hasta que el día es perfecto.

A los cristianos les gusta mucho este versículo. Lo memorizan, lo citan, pero no lo creen. Si realmente lo creyeran, buscarán esa experiencia: "¡intentarían brillar cada vez más hasta que el día sea perfecto"!

Soy de la opinión de que no podemos experimentar aquello en lo que no creemos. Esa es la razón por la que muchos cristianos se quedan donde están, día tras día, semana tras semana, año tras año. El tiempo avanza y los evangelistas avivados van y vienen. Como resultado, tenemos pocas rachas en las que esperamos hacerlo mejor. Pero si somos honestos, debemos admitir que la mayoría de los cristianos permanecen estancados ahí donde están.

Lo triste es que hay muchos en nuestras iglesias a los que no les queda mucho tiempo de vida. Han envejecido y, sin embargo, no han subido ni un centímetro más en la montaña de lo que estaban aquel día en que el sol salió por primera vez sobre ellos cuando se convirtieron al evangelio. Es más, ¡algunos ni siquiera han avanzados en el camino con Dios, como lo hicieron unos años atrás! Es una triste verdad, disfrutaron un tiempo en el que su fe era más aguda, su amor más cálido, cuando sus lágrimas brotaban con más facilidad, cuando su amor por la oración era mayor, cuando la pureza y la separación del mundo eran más notables, y los valores internos más marcados que ahora.

Si estas cosas son ciertas, solo puedo concluir que se trata de cristianos "comunes", hombres y mujeres que no oyen —como deberían— lo que el Señor les habla.

Lee, estudia y obedece

Dios nos hablará si leemos, estudiamos y obedecemos su Palabra. Pero cuando él habla, debemos responderle en oración y con devoción. Lo que le decimos es importante, como podemos ver en el libro de los Salmos. Aquí tenemos a un hombre —un hombre inspirado— ¡respondiendo a Dios!

De forma similar, esa es la razón por la que la gran literatura devocional nos resulta tan útil. Dios ha hablado a sus santos y ellos le han respondido, y —en su sabiduría— ha preservado muchos de estos ejemplos para nosotros.

Tomamos algunas sugerencias del mencionado libro *La nube del desconocimiento*, escrito por un santo anónimo. Su premisa era que muchos de nosotros somos cristianos comunes, mientras que otros se adentran en etapas "especiales", "singulares" y "perfectas" de la vida y la experiencia cristianas.

"Las tres primeras pueden comenzar y terminar en esta vida", escribió. "Pueden entrar en la perfección pero no plenamente porque la cuarta puede, por gracia, comenzar aquí; pero durará sin fin en la dicha del cielo".

Creo que es una respuesta perfecta a la expresión de Pablo de que "no me tengo por perfecto ni que ya lo he alcanzado; así que, todos los que seamos perfectos, actuemos de la misma manera" (paráfrasis de Filipenses 3:12-15). He aquí la bendita contradicción: hemos entrado en la perfección, ¡pero aún no hemos llegado al final!

El apóstol se extendía en esa luz y resplandor que brilla más y más hasta que el día es perfecto. Dijo que todos serán resucitados de entre los muertos, pero siguió adelante por la promesa de Dios de una resurrección mejor de entre los muertos.

"No es que ya lo haya conseguido todo o que ya sea perfecto. Sin embargo, sigo ... olvidando lo que queda atrás" (Filipenses 3:12-13), expresó el apóstol.

A la luz del compromiso y el deseo de Pablo, ¿qué diremos de la vergonzosa mediocridad del cristiano promedio o común en la vida y la experiencia cotidianas? ¿Cuáles son sus razones para no avanzar en el plan y la voluntad de Dios para su vida?

Considera la definición

En primer lugar, considera la definición de la palabra *común*. Significa simplemente ordinario, de rango, calidad o capacidad común.

Un cristiano común es aquel que es de calidad y capacidad ordinarias. No se distingue por superioridad de ningún tipo. Uno que ha comenzado. Que cree. Tal vez lleve una Biblia. Pero no se distingue por sus logros espirituales.

Debo dejar que cada persona decida si esta es una descripción de su propio tipo de espiritualidad como cristiano. Tal vez seas de una calidad común y corriente, que no se distingue en nada con su vida cristiana. Como resultado, nadie querrá consultarte en busca de orientación o ayuda. Nadie querrá jamás citarte algo de las cosas de Dios.

Mediocres: ¡la mayoría de los cristianos son mediocres!

En realidad, ¡detesto la palabra *mediocre*! No me produce ningún placer usarla, pero creo que digo la verdad cuando afirmo que describe a muchos creyentes.

El vocablo *mediocre* procede de dos palabras latinas y significa literalmente "a medio camino de la cima". Esto la convierte en una descripción adecuada del progreso de muchos cristianos. Están a medio camino de la cima. No están a medio camino del cielo, sino a medio camino de donde deberían estar, a medio camino entre el valle y la cima. Están moralmente por encima del pecador endurecido pero espiritualmente por debajo del santo maduro.

Muchos se han asentado ahí precisamente, y la tragedia es que hace años algunos de ustedes decían: "No voy a fallarle a Dios. Me esforzaré a escalar montaña arriba hasta que esté en la cima del pico, ¡en el punto más alto posible de la experiencia con Dios en esta vida mortal!".

Sin embargo, tú no has hecho nada al respecto. En todo caso, has perdido terreno espiritual desde aquel día. Ahora eres un cristiano a medias. Un creyente tibio, ni frío ni caliente. Estás a medio camino de la cima, a la mitad del camino en el que podrías haber estado si hubieras seguido adelante.

¿Realmente pensamos que esta vida cristiana a medias es lo mejor que Cristo nos brinda, lo mejor que podemos conocer? Ante la magnitud de lo que Cristo nos ofrece, ¿cómo podemos conformarnos con tan poco? Piensa en todo lo que nos ofrece por su sangre y por su Espíritu, por su muerte sacrificial en la cruz, por su resurrección de entre los muertos, por su ascensión a la diestra del Padre, por enviar a su Espíritu Santo.

A. W. TOZER

Conformistas

Sé que demasiados individuos se conforman con mucho menos que lo que Dios espera darles. Intentan mantenerse felices añadiendo a su religión algo que, al menos, le haga cosquillas a su carnalidad. Presentan luchadores convertidos y artistas de cine medio convertidos, y creo que hasta se rebajarían a presentar en los púlpitos mascotas como caballos parlantes y perros evangélicos para gozarse diciendo: "¡Lo pasamos de maravilla!". Pagarán un gran precio por presentar alguna de esas "maravilla mundanas" para que la gente acuda masivamente a los espectáculos en sus iglesias.

Esas personas son cristianos mediocres. No han alcanzado las alturas donde pueden sentir el calor del sol y, sin embargo, no han descendido lo suficiente como para congelarse en el valle.

Dios, ciertamente, no es honrado por nuestro desarrollo estancado, nuestra permanente condición espiritual a medio camino. Lo honramos y agradamos cuando nos esforzamos por llegar a la plena madurez en Cristo. Todos sabemos que esto es lo que la Biblia enseña. Vuelve a leer tu Nuevo Testamento y estarás de acuerdo en que la mediocridad en la vida cristiana no es lo más alto que Jesús ofrece.

¿Por qué, entonces, somos unos cristianos tan comunes? ¿Por qué nos hemos conformado con placeres tan superficiales, pequeñas alegrías que complacen a los santurrones y avivan la fantasía de los carnales?

Eso es porque cuando oímos el llamado a tomar la cruz, en vez de enfocar nuestra vista en lo alto de ella, tratamos con el Señor como si fuera cualquier vendedor ambulante. Empezamos a hacer preguntas egoístas y a poner nuestras propias condiciones.

Vimos el dedo de Dios haciendo señales. Fuimos conmovidos por su Espíritu. Y nos emocionamos tanto que consideramos subir a la montaña. Sentimos el impulso de entregarnos a Cristo, de vivir lo más cerca posible de la perfección espiritual en esta vida.

Sin embargo, en lugar de seguir adelante empezamos a hacer preguntas. Comenzamos a discutir y a regatear con Dios sobre sus normas para el logro espiritual.

Esta es la pura verdad, no sobre los "liberales" incrédulos, sino acerca de aquellos que han nacido de nuevo. Tenemos a Cristo y, sin embargo, cuando nos llama a las alturas, empezamos a discutir y a regatear con él.

"Señor, ¿cuánto me costará?", preguntamos. "¡Deseo seguir, pero quiero saber lo que me costará!".

Estoy convencido de que cualquiera que plantee la cuestión de las consecuencias en la vida cristiana no es más que un cristiano mediocre y vulgar. Parece haber olvidado por completo que la cruz está implicada en este punto. El propio Jesús dijo claramente: "Toma tu cruz cada día y sígueme" (Lucas 9:23), y "Quien quiera servirme debe seguirme; y donde yo esté, allí también estará mi siervo. A quien me sirva, mi Padre lo honrará" (Juan 12:26). ¡Jesús lo dijo!

Así que, la persona dedicada y comprometida que toma la cruz y sigue al Señor no pregunta cuáles serán las consecuencias, ni discute sobre el plan de Dios ni la sabiduría de Dios.

He conocido a algunos interesados en una vida más profunda, pero dudaban por miedo a lo que tal decisión costaría en tiempo, en dinero, en esfuerzo o quizá en materia de amistades. Estas son algunas de las áreas con que nos ponen trabas.

Ahora bien, no pretendo menospreciar el valor ni el significado de las amistades entrañables. Las amistades humanas pueden tener un carácter hermoso que se trasladará al mundo venidero. Pero el punto es que si nos cuestionamos acerca de la pérdida de los amigos cuando el Señor está tratando con nosotros en referencia a la bendición espiritual y la victoria, no somos dignos de estar entre los santos.

¿Será seguro?

Otra pregunta que la gente hace al Señor cuando les llama a seguir adelante es: "¿Será seguro?".

Esta pregunta surge de nuestro constante clamor por la "seguridad" y, por encima de todo, nuestro eterno deseo de seguridad.

Debemos estar preparados para el hecho de que la fe tiene un elemento perturbador en sí misma. En los tiempos de Lutero, cuando costaba algo ser cristiano, los antiguos luteranos decían: "La fe es algo perturbador".

¿Nos atrevemos a afrontar el hecho de que la Palabra de Dios, muchas veces, nos pone en peligro en vez de afirmarnos en la seguridad? Pero la mayoría de los cristianos de nuestros días quieren imponerle condiciones a Dios: no quieren riesgos. No quieren confiar.

Algunos de nosotros tuvimos una experiencia encantadora con un cristiano de Inglaterra que había hecho dinero en los negocios y nunca iba a ninguna parte sin llevar consigo grandes

DILE AL DIABLO: "¡ESCRITO ESTÁ!".

sumas. Pero el Espíritu Santo comenzó a tratar con él sobre la provisión de Dios y los recursos divinos. Al contarnos su experiencia, dijo:

"Mi esposa y yo lo hemos encomendado todo a Dios. Ni siquiera tenemos una casa. No tenemos ingresos periódicos. Hago el trabajo de evangelista y solo nos dedicamos a hacer la voluntad de Dios.

"No es nada raro que abordemos nuestro coche y viajemos varios cientos de kilómetros con solo diez dólares para gastos y sin saber cuál será el siguiente paso", nos dijo. "Dios nos está probando. No nos defraudará, pero nos está sujetando para que no volvamos a arraigarnos a la tierra".

Este es el lenguaje del cristiano seguro de sí mismo que sigue adelante con Dios. La pregunta: "¿Es seguro?" es una cuestión innoble. ¿Qué importa si es seguro o no mientras él sea nuestro Señor?

¿Será conveniente?

Una tercera pregunta que queremos que Dios responda por nosotros es: "¿Será conveniente?".

¿Qué debe pensar nuestro Señor de nosotros si su obra y su testimonio dependen de la conveniencia de su pueblo? La verdad es que cada avance que hagamos por Dios y por su causa debe ser a costa de nuestra conveniencia. Si no nos incomoda en absoluto, no hay cruz en ello. Si hemos sido capaces de reducir la espiritualidad a un patrón suave y no nos cuesta nada —ningún trastorno, ninguna molestia y ningún elemento de sacrificio en ello—, no estamos llegando a ninguna parte con

Dios. Nos hemos detenido y hemos montado nuestra indigna tienda a medio camino entre el pantano y la cima.

¡Somos cristianos mediocres!

¿Hubo alguna vez una cruz cómoda? ¿Hubo alguna vez una forma conveniente de morir? Nunca he oído hablar de ninguna, ¡y el juicio tampoco va a ser una cuestión placentera! Sin embargo, buscamos la conveniencia, pensando que podemos alcanzar la cima de la montaña cómodamente y sin problemas ni peligros para nosotros.

En realidad, los alpinistas siempre se arriesgan y están en peligro, pero a pesar de ello siempre avanzan.

¿Será divertido?

Otra de esas preguntas superficiales que nos hacemos cuando oímos la voz de Jesús llamándonos a seguir adelante es esta: "¿Será divertido?".

Estoy seguro de que ya conoces mi reacción a esta pregunta. Nadie que se haga este planteamiento sobre el avance espiritual nunca será otra cosa que un cristiano superficial. Será mediocre hasta que muera. Nunca se reconocerá, de ninguna manera, por sus cualidades espirituales significativas, y nunca se distinguirá por ningún don del Espíritu Santo.

Es por eso que hay tantos de esos falsos creyentes, ejemplares despreciables de la fe cristiana, exigiendo que el cristianismo debe ser divertido, y tantos ministerios que han iniciado distintas actividades —y hasta organizaciones— para complacer a esos cristianos mediocres. Sí, hay organizaciones que existen con el único propósito de mezclar religión y diversión para agradar a nuestros jóvenes cristianos y atraer a los incrédulos.

Sin embargo, resulta que los jóvenes pueden ser tan responsables ante Dios como las personas mayores por esas insensateces. El joven que se encuentra con Jesús y se convierte está tan dispuesto y es tan responsable de los inconvenientes y del costo a pagar como lo es el hombre de setenta años.

Jesucristo nunca ofreció diversión ni entretenimiento a sus discípulos, pero en nuestros días tenemos que ofrecer ambas cosas si queremos captar a la gente, porque son cristianos comunes o mediocres.

Como la diversión y la popularidad parecen ir de la mano, algunos de los indecisos se preguntan: "Oh, Señor, ¿seguiré siendo popular si sigo hasta el final de la carrera cristiana?".

Ah, los débiles… ¡los débiles! Deben contar con la aprobación y el apoyo del grupo que los rodea porque temen quedarse solos. Quieren encajar en grupo, quieren garantizarse la solidaridad de los demás para reforzarse mutuamente ante los ataques de la debilidad. Algunos simplemente no pueden permanecer solos, son los que preguntan: "¿Es eso popular?". Cuando se plantean eso es porque están evitando la opción de permanecer solos por Dios o quieren evitar su tránsito por el camino estrecho de la salvación.

Es difícil permanecer solo

Me convertí por la gracia de Dios cuando tenía diecisiete años. Nadie más en mi casa era cristiano. Estaba en la ciudad de Akron y mi familia solía acoger huéspedes. Nuestro hogar estaba lleno de gente en todo momento y, sin embargo —en lo referente a mi fe— era completamente ajeno. No debo dejar la impresión de que me sostuve tan noblemente como Esteban en el Libro de los Hechos; pero me mantuve firme, aunque fue duro hacerlo solo. Nadie más quería ir a la iglesia. Nadie quería orar en la mesa. Nadie quería leer la Biblia pero, por la buena gracia de Dios, me mantuve en la fe y siempre he podido dar gracias a Dios por los resultados.

Mi madre y mi padre se convirtieron, así como dos de mis hermanas. Un cuñado lo hizo antes de morir y otros más llegaron a conocer al Salvador.

Pero si hubiera argumentado: "Señor, ¿es esto popular? ¿Cuánto me costará?", esas personas nunca habrían conocido al Señor. Dios está dispuesto a prestarnos su ayuda debido a su gracia y su misericordia.

Muchos hijos de Dios probablemente han dudado, a veces, y han intentado debatir con Dios. Lo han conocido en la conversión. Saben que se produjo un cambio y, sin embargo, llevan las marcas de la mediocridad. Pero lo importante es esto: ¡No están fuera del alcance del amor de Dios!

Ese es uno de los trucos más antiguos del diablo para desanimar a los santos, hacer que recuerden lo que fueron. Nadie progresará con Dios hasta que levante los ojos y deje de mirarse a sí mismo. No debemos pasar nuestro tiempo recordando el pasado: ¡debemos ver hacia adelante!

Nuestro Señor es más que capaz de ocuparse de nuestro pasado. Él perdona al instante y lo hace completamente. Su sangre nos hace dignos: todo lo que somos y todo lo que tenemos es por el amor perdonador de Dios.

La bondad de Dios es infinitamente más maravillosa de lo que jamás seremos capaces de comprender. Si la raíz del asunto está en ti y has nacido de nuevo, Dios está dispuesto a empezar contigo donde te encuentres, y no te menospreciará por tus años de cristianismo mediocre.

CAPÍTULO 5

¿DETENIDO EN SECO?

"Dios dice: 'Estoy dispuesto a infundirles más fuego'.
Nosotros respondemos: 'No, Señor, eso sería fanatismo'.
Sin embargo, ¡queremos todos los beneficios de su cruz!".

C ulpo a la interpretación defectuosa del Nuevo Testamento por detener en seco a muchos cristianos, haciéndolos desestimar cualquier indicio de que todavía hay un avance y progreso espiritual esperándolos.

La opinión de algunos aspirantes a maestros —que insiste en que cuando se entra en el reino de Dios por la fe se tiene inmediatamente todo lo que hay en dicho reino— es tan mortal como el cianuro. Mata toda esperanza de avance espiritual y hace que muchos adopten lo que yo llamo "el credo del contentamiento".

¿Por qué debería un cristiano establecerse tan pronto como ha llegado a conocer al Señor?

Tendría que responderle que debe haber recibido un consejo defectuoso y una mala interpretación de la verdad del Nuevo Testamento. Siempre hay verdadera alegría en el corazón de la persona que se ha convertido en hijo de Dios, por lo que una enseñanza adecuada y sana de la Palabra de Dios despertará en él el deseo de avanzar en la aventura espiritual con Cristo.

Sin embargo, el aspirante a maestro puede decirle al nuevo creyente: "Ahora estás completo en él. La Biblia lo dice, eso significa que deberías alegrarte de estar completo y de que no hay nada más que puedas necesitar". A partir de ese momento, cualquier esfuerzo por progresar en el camino de Dios es menospreciado como una especie de fanatismo. Este tipo de interpretación ha llevado a muchos cristianos a un punto de falsa satisfacción, contentos por permanecer ahí donde están.

Pero no es el caso del apóstol Pablo, que nos asombra y humilla cuando leemos en el tercer capítulo de Filipenses su ferviente deseo de seguir adelante y convertirse en un tipo especial de cristiano.

Esperanzado, el apóstol, escribió: "Para ganar a Cristo" (3:8 RVR1960), aunque —sin embargo— ¡ya lo había hecho!

Con evidente anhelo dijo: "y sea hallado en él" (3:8-9 RVR1960), y sin embargo ya estaba en él. Acudimos a Pablo más que a cualquier otro escritor de la Biblia para aprender la doctrina de estar en Cristo, y sin embargo, Pablo exhaló humilde e intensamente este gran deseo: "A fin de conocerle" (3:10 RVR1960), ¡cuando ya lo conocía!

Fue este mismo Pablo el que testificó alegremente: "He sido crucificado con Cristo, y ya no vivo yo, sino que Cristo vive en mí. Lo que ahora vivo en el cuerpo, lo vivo por la fe en el Hijo de Dios, quien me amó y dio su vida por mí" (Gálatas 2:20).

Sin embargo, como nunca podía quedarse quieto, testificó además:

"Sin embargo, sigo adelante esperando alcanzar aquello para lo cual Cristo Jesús me alcanzó a mí".
—Filipenses 3:12

¡Qué diferente es esto del espíritu ortodoxo moderno! Cuán ajeno a las insípidas seguridades de que porque podemos citar las Escrituras, debemos tener la experiencia. Esta extraña relación con el texto sagrado —que supone que porque podemos citar capítulos y versículos, entendemos profundamente su significado y tener la experiencia que ellos trasmiten— es un grave obstáculo para el verdadero crecimiento y desarrollo espiritual de nuestras vidas. Creo que es una de las corrientes más mortíferas y escalofriantes que jamás hayan soplado sobre la iglesia de Dios.

Demasiados de nosotros somos completamente ajenos al deseo y al espíritu que impulsaron al apóstol Pablo a avanzar día tras día. "Que pueda ganar —que pueda conocer—, que pueda ser hallado en Cristo", eran las palabras que impulsaban a Pablo. Pero ahora, a menudo se nos dice que "lo tenemos" todo, y que solo debemos estar agradecidos y "seguir cultivando". Yo digo que ambas actitudes son extrañas. No deben ir juntas.

Se nos dice que estudiemos los pasajes bíblicos en griego. Averiguamos lo que significan en español. Entonces decimos: "Ah, ¿no es eso bueno, no es eso maravilloso?". Y eso es todo lo que hacemos al respecto. Pero Pablo dijo: "Sigo avanzando hacia la meta para ganar el premio que Dios ofrece mediante su llamamiento celestial en Cristo Jesús" (Filipenses 3:14).

Algunos incluso han interpretado las profundas aspiraciones de Pablo de una manera que las trivializa o las hace parecer superficiales o irreales. Creen que Pablo hablaba de una especie de recompensa etérea y poco real (algo como una nube rosada) que iba a recibir cuando Cristo regresara. En mi opinión, no hay nada sobre el regreso de Cristo en esa expresión de Pablo. Él se refería al presente, lo que estaba expresando era su deseo de continuar con Cristo día tras día. Hablaba de experimentar íntegramente todo lo que Cristo tenía planeado para él, viviendo la plenitud de su fe y su misión en el presente, no de esperar una recompensa futura.

Oídos sordos

¿Por qué el pueblo cristiano de nuestros días se hace el sordo, a propósito, ante los claros llamamientos de la Palabra de Dios a llevar una vida espiritual victoriosa?

En algunos casos es porque sabe que no está dispuesto a obedecer. El Señor no va a transigir con nadie en cuanto a la cuestión de la desobediencia a la verdad que él revela. El resultado es que aquellos que a sabiendas rehúsan obedecer, se verán estancados en su vida espiritual. Si hay algo que no estén dispuestos a hacer por él, alguna confesión que no hagan, algo que se nieguen a enderezar, algún acto de obediencia que no realicen: simplemente se detendrán y se quedarán quietos. Eso es una parada en seco, como cuando se le rompe un eje o una pieza vital a un camión o a cualquier vehículo.

La gente de la iglesia de Cristo está quieta, como si se le hubiera roto el eje, y no ha hecho ningún progreso años tras años. Está completamente estancada, quieta, detenida y, todo eso, por la no obediencia.

En otros casos, los cristianos se han desviado y se han vuelto inútiles debido a que aceptaron un estado de desánimo crónico. Como resultado, han llegado a un punto en que racionalizan —satisfechos— que su condición es normal para toda la cristiandad.

No, no estoy hablando de incrédulos, se trata de personas que se denominan creyentes, pero no lo son en realidad. Dicen que creen en una vida cristiana victoriosa, pero que eso es para otros, no para ellos mismos. Han estado en todos los altares, han asistido a todas las conferencias bíblicas, pero las bendiciones son para otras personas.

Ahora bien, esa actitud por parte de los creyentes no es modestia ni mansedumbre. Es el desaliento resultante de la incredulidad. Es más bien como los que han estado mucho tiempo enfermos que ya no creen que puedan curarse. Han vivido con la enfermedad tanto que se ha convertido en una extensión de su persona, y no quieren perderla porque ya no tendrían tema de conversación. Dirían que quieren ponerse bien pero, en realidad, no es así.

Jesús sigue diciendo, como le dijo al hombre que permanecía junto a la puerta del estanque: "¿Quieres quedar sano?" (Juan

5:6). Jesús sanó a aquel hombre y lo resucitó porque él quería ser sanado y liberado. Si Jesús hubiera encontrado en él lo que encuentra en tantos cristianos de hoy —un estado crónico de desánimo—, habría pasado de largo sin tomarlo en cuenta.

El culto a la respetabilidad

Una tercera razón por la que muchos no progresan con Dios es el hecho de que han creído conveniente practicar el culto a la respetabilidad. Han aprendido el arte de "adaptarse". Han elegido ser adaptables y correctos, aplomados, dueños de sí mismos y equilibrados. Nunca querrían que nadie pensara que han adoptado una postura extrema, sobre todo en cuestiones religiosas.

Nos estamos volviendo tan ligeros y, a la vez, tan ampliamente simétricos que olvidamos que todas las almas superiores que han hecho proezas por Dios fueron consideradas radicales y, en muchos casos, incluso trastornadas. Hablamos de personas como el santo John Wesley, erudito de Oxford y fundador de los metodistas, pero olvidamos que era un apóstol tan fogoso que solían lanzarle huevos y piedras. Salía con su ropa muy bien pero, cuando volvía a casa, era todo un desastre. Wesley nunca puso la apariencia, la adaptabilidad y la respetabilidad por encima de la urgencia —que había en su alma— de dar a conocer a Cristo con todo su poder salvador.

Bueno, ¡gracias a Dios por los Wesley y por todas las grandes almas que no han temido ser diferentes! Gracias a Dios que siempre hay unos pocos, pocos a los cuales la Biblia señala como dignos. Sé que en Apocalipsis 3:4 dice: "Por ser dignos, andarán conmigo vestidos de blanco". ¡Aleluya! No voy a intentar persuadirlos de que conozco todo lo que eso significa, pero sé que hasta en tiempos de recaída y frialdad espiritual aguda, siempre ha habido personas del pueblo de Dios que eran y son diferentes. Creo que ha habido suficiente diferencia en el amor, el deseo y la adoración de esas personas como para que no se cierna ninguna sombra de duda sobre su caminar con Cristo vestidos de blanco.

Ahora bien, me pregunto si alguno de ustedes piensa que solo intento despertar el deseo espiritual en sus corazones para que el evangelio se manifieste a todo el mundo con el ejemplo que dan.

No, no trato de incitar ningún deseo y es por la sencilla razón de que el único que puede hacer eso es el Espíritu Santo, aunque soy el primero que sabe lo que significa eso, y lo sé mejor que nadie. Puedo inquietarlos a considerar su vida espiritual, pero no puedo poner ninguna clase de anhelo espiritual en su ser.

El antiguo santo que escribió *La nube del desconocimiento* lo expresó así: "Nuestro Señor, por su gran misericordia, te ha llamado y te ha conducido hacia él por el deseo de tu corazón". Ya te he recordado que Dios siempre es primero que todo, que Dios siempre está primero —en todo lugar o circunstancia—, y si anhelas a Dios y las cosas de Dios, es porque fue él mismo quien puso eso en tu vida.

Ese mismo escritor continuó afirmando: "Por el amor eterno de su divinidad, te hizo y te forjó cuando no eras". Dios ya estaba allí, tú no lo llamaste porque no estabas, no existías. Y luego "Te compró a precio de su grandiosa sangre cuando estabas perdido en Adán". Insisto, Dios te precedió a ti, él era y fue antes que tú. Creo en la gracia preveniente, y no creo que ninguna persona pueda ser empujada o incitada o impulsada al reino de Dios o a una vida espiritual más profunda a menos que el Espíritu Santo lo haga. El Espíritu lo hace por el amor eterno de su divinidad, nos dijo el viejo santo, "tan tiernamente, que no permitiría que estuvieras lejos de él".

¡Oh mis queridos hermanos y hermanas! ¿Acaso no nos conmueve la extensión de ese gran mar glorioso en el que nos encontramos los cristianos? "Él no permitiría que estuvieras muy lejos de él". Simplemente no lo va a permitir nunca. Simplemente no lo soportaría. Este mismo Dios que nos hizo cuando no éramos nada y nos redimió cuando éramos pecadores "encendió ese deseo muy bondadosamente".

¿Nos describe eso?

¿A cuántos de nosotros describe lo anteriormente dicho? ¿Quién de ustedes ha tenido, alguna vez, el repentino despertar de un fervor espiritual, cuando todos los demás parecen complacidos con la rutina habitual de la iglesia y lo que tiene que ver con su entorno? ¿Cuántos de nosotros asistimos a la iglesia, con regularidad, sin que nuestra pasión espiritual aumente, sin sentir nunca un "latido adicional" que represente una mayor conexión o deseo divino? ¡Y así vivimos!

De modo que este tipo de deseo no es algo que se pueda incitar: Dios mismo es el que debe ponerlo en tu corazón. Nunca podríamos habernos creado a nosotros mismos ni podríamos habernos redimido a nosotros mismos. No podemos persuadirnos a tener un anhelo por Dios. Eso tiene que venir de Dios.

Cuando era joven, pasé un tiempo trabajando como "ayudante carnicero" en un tren, viajando en el antiguo sistema de trenes Vicksburg and Pacific; vendía cacahuates, rosetas de maíz, chicles y caramelos, además de libros. En verdad, tuve que dejar eso porque no vendía lo suficiente; ¡a menudo me sentaba y leía los libros desde la estación de Vicksburg hasta el final del trayecto! Pero recuerdo que intentaba despertar el deseo de comer cacahuates y rosetas entre los pasajeros. Pasaba por los vagones y le daba a cada persona solo cuatro o cinco cacahuates salados. Nadie quería cacahuates ni rosetas cuando los vendedores empezábamos a ofrecerlos, pero cuando hacíamos el recorrido de vuelta al lugar de partida, casi todos estaban dispuestos a comprar. Habían probado las golosinas y ahora tenían ganas de comérselas. Era un truco común en los trenes.

Sin embargo, en lo referente a los asuntos espirituales, no podemos hacer algo así por ti. No es posible. Si has aceptado un estado común de vida espiritual y no tienes un deseo profundo de Dios, ningún hombre puede dártelo. A menos que estés dispuesto a que Dios entre y haga lo que quiera en ti, nunca vas a tener aventuras espirituales como aquellos que se han convertido en exploradores en el reino de Dios.

En busca de una tierra mejor

Es normal que no reflexionemos lo suficiente sobre cierto tipo de personas en el ámbito espiritual; aquellos que buscan activamente la verdad espiritual, la sabiduría y la experiencia de lo divino. Dios escribió en la Biblia acerca de ellos, los que buscaban una tierra mejor.

¿Por qué Abraham se fue de Ur de los Caldeos? Porque Dios le prometió que emprendería aventuras espirituales maravillosas y lo obedeció. Abraham se marchó por orden de Dios, aunque eso no lo convirtió en un héroe en aquel momento.

Piensa en lo que habrá dicho la gente conformista.

"Mira a ese tonto", dijeron. "¿Qué le pasa? Todos los demás se conforman con ir al templo una vez a la semana y hacer una ofrenda, pero Abraham afirma que oyó una voz que le dijo: 'Entra en la tierra que yo te mostraré'".

Así que le dijeron: "¡Abraham, eres un tonto!".

Pero Abraham respondió: "He oído la Voz, clara y rotunda. Me voy".

En ese momento Abraham no era un héroe. Los demás pensaron que había perdido la razón, que —por lo menos— estaba casi demente. Ya conoces el resto de la historia.

Luego estaba Moisés, que podría haber seguido viviendo en la casa de su supuesta madre en Egipto y quizás podría haberse convertido en faraón. Pero se negó a hacer eso. Así que se levantó y se marchó. Conoces la historia y la gran lista de tus aventuras espirituales así como también el favor que recibiste de Dios.

Medita en los apóstoles y en todas las grandiosas almas que se comportaron como verdaderos aventureros. No eran los héroes de la multitud, pero entraron en el gran Salón de la Fama de Dios. Sin embargo, algo tuvo que suceder dentro de cada uno de ellos, un fuego interno brotó antes de que se manifestara en lo externo. Ese deseo de explorar los dominios de Dios en busca de nuevos filones de oro tenía que ser interior antes de que pudiera ser exterior. Esos aventureros de Dios sabían lo que ocurría en el interior antes de que hubiera ninguna evidencia en el exterior.

Dios espera un cambio interior

Demasiadas personas siguen creyendo que los cambios aparentes se encargarán de todo el asunto. Cuántos hay que todavía piensan que hacer cambios exteriores en la vida, el carácter y los hábitos es todo lo que Dios espera. Muchos hombres han decidido entrar en el ministerio o ir a trabajar a algún campo misionero del extranjero a causa de los consejos y las presiones externas. Eso puede suceder —aparentemente— en cualquier hombre y, a la vez, no sentir nada en su corazón que lo motive a ello.

Es posible que suceda. Es absolutamente probable, en el ámbito de lo posible, que un misionero vaya al campo, pasar allí toda una vida trabajando y, sin embargo, no haber ido nunca más allá del pequeño terreno de su propia vida espiritual. No basta con ir en cuerpo, movido por algún impulso exterior. Esto tiene que ver con un viaje del alma, ¡no solo con desplazarse de un lugar a otro!

Por eso Dios quiere hacer algo dentro de su pueblo. El gran problema de la iglesia actual es cómo podemos pasar a experimentar y aprovechar lo que tenemos en Cristo. ¡Pero no estamos haciendo mucho respecto al problema!

Uno de mis amigos predicadores me escribió diciéndome que le habían pedido que ayudara en una convención misionera en una de nuestras iglesias. Debía predicar sobre las misiones. Dijo que cuando llegó, se encontró con que no había habido más preparación espiritual para esas reuniones que la que hubo para el primer partido de la Serie Mundial de béisbol. La primera noche asistieron unas veinticinco personas, pero el pastor anunció que la noche siguiente vendría un cuarteto muy bueno a bendecir a la gente con sus canciones. Mi amigo me dijo que, esa noche siguiente, la iglesia estaba abarrotada. Los miembros del cuarteto intercambiaron chistes, se mofaron unos de otros y cautivaron a la multitud con sus payasadas. Después de entonar una canción que decía: "Ayudemos a Dios", y pensando —supongo— que habían rescatado a Dios de lo que de otro modo habría sido una velada aburrida, agarraron sus guitarras y salieron corriendo a otro compromiso en otra actividad para ayudar a Dios un poco más.

¿Cómo podrá alguien crecer en gracia en un lugar así?, le pregunto. Da igual que sea una de nuestras iglesias o algún otro grupo, o la catedral más grande del mundo, nadie podría crecer en gracia en una situación así a menos que tuviera una fuente privada. Tenemos la Palabra de Dios, a la que podemos acudir. Dios no solo nos ha llamado por su amor, sino que nos ha prometido un lugar con buenos pastos para nuestro bien espiritual.

Sin embargo, algunos de los queridos hijos de Dios no tienen ese anhelo por sus mejores pastos dado que —en las cosas espirituales— no han encontrado el deleite de experimentar en sí mismos todo lo que Cristo ha provisto.

Solía leer sobre las diversas religiones de Oriente. Recuerdo un pasaje de las vedas, los escritos hindúes, que decía: "Ustedes, que están ocupados aprendiendo textos y no viviéndolos, son como el hombre que cuenta el ganado ajeno sin tener una sola vaquilla propia". Pensé que eso era bastante bueno para un viejo hindú, y que podría traducirlo a mi propia versión y decir: "Muchos cristianos profesantes están ocupados contando el ganado de otras personas —estudiando teología, arqueología, antropología y escatología— pero no tienen ni una vaquilla propia". Tienen muy poco de Dios que les pertenezca. Solo tienen lo que realmente pertenece a otra persona. Puede que escriban un pequeño tratado sobre lo que Dios ha hecho por ellos, aunque —si lo consintieran— podrían escribir un enorme volumen sobre todo lo que Dios quiere hacer por ellos.

Dios está preparado

Dios está diciendo: "¡Estoy dispuesto a infundirles más fuego!".

Nosotros respondemos: "No, Señor, eso sería fanatismo. Sin embargo, ¡queremos todos los beneficios de su cruz!". Así que rechazamos su deseo, aunque anhelemos todos los beneficios de su cruz.

Hay una frase reflexiva en *La nube del desconocimiento*: "Él quiere que simplemente lo vea a él y lo deje solo". Deja a Dios en paz. En otras palabras, ¡déjalo actuar! No lo detengas. No le impidas que encienda tu corazón, que te bendiga y te lleve de una situación normal a una condición en que tengas un anhelo especial por él. No tienes que engatusar a Dios. Él no es como un padre reacio que espera a que su hijo le ruegue. Las bendiciones son de él, y son para darlas; por tanto, él espera que lo dejemos obrar.

Esto es algo muy difícil de hacer para el hombre de hoy porque somos artistas natos, somos expertos en eso que llaman "hágalo usted mismo". No contratamos a un mecánico y dejamos que haga su trabajo: nos quedamos ahí y le decimos lo que debe hacer y cómo hacerlo. Es realmente asombroso que cualquier hombre moderno se tienda en una camilla y deje que el médico realice la operación. Siempre queremos meter el dedo, opinar en cuanto a lo que el médico debe o no hacer; y así es como se comporta la mayoría de los cristianos. Pensamos que Dios hace los trabajos realmente difíciles, pero que se alegra de tenernos a su lado para ayudarlo.

"Míralo a él y déjalo trabajar, déjalo solo". Pon las manos a los lados y deja de intentar decirle a Dios dónde tiene que cortar. Deja de intentar hacer el diagnóstico por él. Deja de intentar decirle a Dios lo que tiene que darle. Él es el Médico. Tú eres el paciente.

Esto es sana doctrina, hermanos. El Dr. A. B. Simpson conmocionó, bendijo y ayudó a muchas personas queridas, en todos los grupos cristianos a su alcance, cuando enseñó esa verdad a lo largo de los años: "¡Dejemos obrar a Dios! ¡Déjenlo a él solo! ¡Quiten sus manos! Es Dios el que obra en ustedes!".

Déjalo trabajar y tu vida espiritual comenzará a resplandecer como el sol naciente.

CAPÍTULO 6

LAS DENOMINACIONES TAMBIÉN PUEDEN DECAER

"Oh, cómo desearía que tuviéramos una firme determinación de conocer a Cristo. Que pongamos al mundo, las cosas y la gente bajo nuestros pies, y que abramos nuestros corazones solamente al Hijo de Dios".

Nuestros problemas de frialdad espiritual y apatía en las iglesias desaparecerían rápidamente si los cristianos, en general, confesaran su gran necesidad de redescubrir la belleza de Jesucristo, su Salvador.

Tengo una buena base bíblica para insistir constantemente en mi profunda preocupación porque los cristianos comiencen de nuevo a amar a nuestro Señor Jesús con una intensidad y un anhelo como los que tuvieron nuestros padres.

¿Qué nos pasa, en esencia, cuando empezamos a decaer como individuos o como iglesias y denominaciones?

El propio Jesús nos dio una respuesta clara cuando dijo: "Has abandonado tu primer amor" (Apocalipsis 2:4). No estaba hablando del primer amor como el inicial en un orden consecutivo, sino del grado de nuestro primer amor por él.

Estas palabras de Jesús reflejan una de nuestras grandes debilidades en las iglesias cristianas de nuestros días. El hecho de que no estemos buscando conocer a Cristo en una forma muy íntima que implique conocerlo y tener comunión con él es evidente; pero, ¿por qué ni siquiera estamos dispuestos a hablar de ello? No se oye casi nada sobre el deseo y el anhelo espiritual que deberíamos tener, sobre la hermosura de nuestro Salvador, lo cual derribaría todas las barreras si tuviéramos una verdadera comunión con él. Ese llamamiento no llega a nuestros libros. No se oye en los mensajes de radio ni de televisión. No se ve con intensidad por las redes sociales, como suele suceder con las trivialidades de la vida moderna. Peor aún, no se está predicando en nuestras iglesias.

¿Es posible que no creamos que Jesucristo es capaz de tener una intimidad de comunión creciente y cada vez mayor con los suyos? Conocer a Dios es una cosa, pero avanzar en el compromiso, consagrarnos a él y experimentarlo en intensidad y enriquecernos con su conocimiento es algo muy diferente. El apóstol Pablo lo sabía cuando dijo anhelante: "¡Quiero conocerlo en profundidad, participar intensamente de experiencia!" (paráfrasis de Filipenses 3:10). De las muchas razones de peso por las que deberíamos conocer a nuestro Salvador mejor de lo que lo conocemos, sin duda la primera es que él es una persona, Jesucristo. Todos estamos de acuerdo en que lo es, en que es el Hijo Eterno, pero ¿hemos pasado a adorarlo porque es la fuente y manantial de todo aquello para lo que tú y yo hemos sido creados?

Él es la verdad misma

Él es la fuente de toda verdad, pero es más: él es la verdad misma. Él es la fuente y la fuerza de toda belleza, pero es más: Él es la belleza misma. Él es la fuente de toda sabiduría, pero es más: Él es la sabiduría misma. En él están escondidos todos los tesoros de la sabiduría y el conocimiento (ver Colosenses 2:3).

Jesucristo, nuestro Salvador, es la fuente de toda gracia. Él es la fuente y el manantial de toda vida, pero es más que eso. Él afirma: "¡YO SOY la vida!". Él es la fuente del amor pero, insisto, es mucho más que eso: ¡Él es el amor!

Él es la resurrección y es la inmortalidad, como dijo uno de los compositores de una hermosa canción: Él es el "resplandor de la gloria del Padre, el sol del rostro de Dios Padre".

En otro himno, "El Señor más hermoso", hay al menos dos versos que no siempre se incluyen, que nos dicen con candor y realismo que cuando todo lo demás haya perecido y se haya desvanecido, podremos ver que solo Jesús permanece para siempre. Uno de los versículos de esa canción dice: "La belleza más hermosa de la tierra, el esplendor más brillante del cielo, los despliega Jesucristo en su persona; todo lo que aquí brilla ha de declinar ante su inmaculada pureza".

El amor verdadero es emocionante y creo que los cristianos que amamos a nuestro Salvador deberíamos ser los más emocionados por la persona que él es y por lo que es.

Un amigo mío se enoja mucho conmigo porque no logro emocionarme ni apasionarme por las cosas de este mundo. Simplemente no puedo soportar y adoptar una actitud de asombro cuando un amigo se acerca con un elegante automóvil nuevo. Oigo a la gente describir las magníficas casas nuevas que están construyendo y sus voces muestran la emoción que los embarga. Pero la Palabra de Dios me obliga a recordar que cuando uno ha visto la casa o la ciudad que tiene cimientos y cuyo arquitecto y constructor es Dios (ver Hebreos 11:10), realmente no puede volver a emocionarse por ninguna otra casa construida por ningún hombre en este mundo.

Se ha dicho que Abraham nunca pudo construirse una casa permanente después de haber visto la ciudad cuyo constructor y artífice era Dios. Sé que he tomado una decisión en cuanto a esa ciudad: estoy dispuesto a vivir en cualquier casa terrenal porque tengo cierta idea de cómo va a ser mi futuro hogar allá arriba. Estoy convencido de que será más hermoso y satisfactorio que todo lo que pueda conocer aquí abajo. Es trágico que olvidemos que "la belleza más hermosa de la tierra, el esplendor más brillante del cielo, los despliega Jesucristo en su persona; todo lo que aquí brilla ha de declinar ante su inmaculada pureza".

Un tipo especial de cristianos

El hombre que escribió esas palabras, que las exhaló desde su alma, debió ser uno de los hijos especiales de Dios. Debió conocer íntimamente a Jesucristo. Es probable que supiera todo lo que costaba conocer al Salvador a tal nivel.

Sin embargo, la gente no está dispuesta a pagar ese precio; por eso hay que calificar de "corrientes" a tantos cristianos. La mayoría de ellos hablan piadosamente del costo de ser seguidores de Jesús, aunque en términos de las cosas impuras, injuriosas y groseramente pecaminosas a las que se han "rendido". Lo lamentable es que si nunca van más allá de eso, siguen siendo cristianos comunes y corrientes. Afirman que renunciaron a las cosas malas, pero el apóstol Pablo dijo que —por amor a Cristo— renunció tanto a las cosas buenas como a las malas.

"Todo aquello que para mí era ganancia, ahora lo considero pérdida por causa de Cristo" (Filipenses 3:7), dijo. Se refería a cosas a las que todavía tenía derecho legal y moral, cosas sobre las que podía haber dicho: "¡Son mías y el cristianismo no me las va a quitar!".

"Lo cedo todo, lo doy todo porque he encontrado lo que es mucho mejor", dio a entender en Filipenses. Había encontrado "lo que es mucho mejor", ese que estaba con el Padre, Jesucristo, ¡la fuente de la que mana toda sabiduría, belleza, verdad e inmortalidad!

Pablo sabía algo que muchos cristianos aún no han captado: que el corazón humano es idólatra y adorará cualquier cosa que pueda poseer. Ahí reside el peligro de las cosas "buenas". Hemos renunciado a las malas, sí —a las cosas malas—, pero nos aferramos a las que son buenas; las mismas a las que somos propensos a adorar. Cualquier cosa a la que nos neguemos a rendirnos y que no consideremos más que una pérdida, es posible que al final la adoremos. Puede ser algo bueno, algo que se interpone entre tú y Dios, ya sea la propiedad de un bien, la familia, la reputación, la seguridad o tu propia vida.

Jesús nos advirtió en cuanto al egoísmo que surge al aferrarnos a nuestra propia vida. Nos enseñó que si hacemos que nuestra vida en la tierra sea tan importante y poderosa que nos impida rendirla gustosamente a él, al final la perderemos. Lo enseñó con suma claridad y también nos advirtió en cuanto a no confiar en la seguridad terrenal más que en Dios.

Todos queremos una garantía de seguridad, pero esa idea no nos la dio el apóstol Pablo. Rara vez se sentía seguro en cuanto a las cosas de esta vida. Decía que moría diariamente. Siempre estaba en dificultades, ya fuera con los gobiernos de este mundo o con los elementos tempestuosos del mar.

Queremos seguridad

Hermanos, ¡queremos seguridad en esta vida y seguridad eterna en el mundo de arriba! Eso me parece una especie de definición de nuestro fundamentalismo cristiano actual. Pero Pablo dijo: "He sido capturado por Jesucristo, así que reniego y lo repudio todo".

Ahora bien, hubo ciertas cosas que Dios permitió que Pablo tuviera. Le permitió tener un libro o dos. Le permitió tener un vestido, un manto. En una ocasión, le permitió tener su propia casa alquilada durante dos años. Pero el ejemplo que Pablo nos dio fue el hecho de que cualquier "cosa" que Dios le permitió tener nunca afectó su corazón, menos en lo referente a posesiones.

Cualquiera de nuestros tesoros que realmente nos aten y afecten nuestro corazón se convertirá en maldición. Pablo dijo:

"Todo lo considero pérdida por razón del incomparable valor de conocer a Cristo Jesús, mi Señor". Él nunca permitió que las cosas se volvieran lo suficientemente importantes como para estropear su relación con Dios.

El ejemplo y las amonestaciones de Pablo me llevan a cuestionar algunas de las enseñanzas de nuestros círculos cristianos actuales en cuanto a que Cristo es algo "añadido": que podemos tener —por esfuerzo propio— una vida terrenal bastante alegre, pero que además necesitamos a Jesús para que nos salve del infierno y nos lleve a las mansiones del otro lado.

Ahora bien, esa no es lo que enseña el Nuevo Testamento y ciertamente no es la forma en que Pablo veía las cosas en este mundo. El apóstol dijo que encontró a Jesucristo tan infinitamente atractivo que se vio obligado a desechar todo conjunto de valores establecidos en la tierra.

Pablo era un hombre culto, un intelectual educado a los pies de Gamaliel. Lo habríamos honrado con un doctorado. Pero Pablo dijo: "Todo eso es escoria". Su expresión, en realidad, significaba: "Eso es una especie de basura".

Pablo habló de su nacimiento, de sus logros intelectuales y de su posición entre los padres de su herencia religiosa y luego testificó que "por amor a Jesucristo, no considero nada de eso en absoluto; lo tengo por escoria".

Eso debería decirnos algo a nosotros que tenemos tantas cosas de las que nos sentimos orgullosos. Algunos presumimos de nuestros antepasados nacionales, de nuestra cultural, al punto que nos volvemos carnales por ello.

Nos envanecemos por las cosas que alcanzamos, por lo que podemos hacer. Pero Pablo dijo: "Todo aquello de lo que podía enorgullecerme como hombre lo considero pérdida por amor de Jesucristo" (paráfrasis mía).

Así que Pablo nos da los motivos adecuados para amar y seguir al Salvador así como también para renunciar a las cosas que nos frenarían. El cristianismo moderno tiene mucho que aprender de Pablo en este ámbito de los motivos. Debido a la naturaleza de nuestros tiempos, algunos insisten: "¡Nación, más vale que te vuelvas a Dios o la bomba del orgullo te destruirá!". Otra voz de alarma advierte: "¡Conciudadanos, es mejor que dejen de beber y apostar o se hundirán como Roma!".

Nuestro antiguo maestro y amigo anónimo, autor de *La nube del desconocimiento*, nos da algo de luz sobre los motivos adecuados en relación con la naturaleza de Dios mismo. "Dios es un amante celoso y no tiene rival", escribió este santo hace más de 600 años. "Dios no puede obrar en nuestra voluntad a menos que pueda poseerla".

Uno de nuestros defectos

Ahora hermanos, esta es una de nuestras mayores faltas en nuestras vidas cristianas. Estamos permitiendo que demasiadas cosas compitan con Dios en nuestras vidas. El asunto es que, en realidad, tenemos demasiados dioses. Estamos involucrados en demasiadas actividades o proyectos al mismo tiempo, lo que nos impide concentrarnos en lo que es verdaderamente importante. Tenemos demasiada teología que no entendemos. Tenemos demasiado institucionalismo eclesiástico. Tenemos demasiada religión. En realidad, tenemos exceso de todo, lo que lleva a una sobrecarga y una desconexión de la verdadera esencia de la fe y la espiritualidad

No tenemos a Dios de manera exclusiva. Otras cosas o intereses están ocupando el espacio que debería ser solo para él. No puede hacer su voluntad en nosotros, y a través de nosotros, porque nos negamos a eliminar todo lo que compite con él. Cuando Jesucristo haya limpiado todo lo que hay en este templo y habite allí solo, entonces actuará.

Dios quiere hacer su obra oculta y sin ser visto dentro del corazón humano. ¿Ha estado alguna vez en las profundidades de una mina en la tierra? Allí hay personas extrayendo carbón, oro o diamantes, pero cualquiera que anda por encima de ese lugar puede no tener idea de lo que está ocurriendo en las profundidades de ese terreno. Esos que están arriba, nunca sabrían que en lo profundo de la tierra hay una fuerza inteligente trabajando para extraer minerales valiosos y hasta joyas preciosas. Ese es un ejemplo de lo que Dios hace en lo profundo de nosotros. Dios trabaja en lo oculto y de manera invisible

No obstante, en nuestros días nos encanta el dramatismo en todo. No queremos que Dios trabaje, a menos que pueda hacer una producción teatral de ello. Queremos que venga disfrazado, con barba y con bastón. Queremos que represente un papel de acuerdo a nuestras ideas. Algunos incluso exigimos que nos proporcione un escenario colorido y ¡hasta fuegos artificiales!

Así es como lo queremos, pero Dios dice: "¡No, no, no! Ustedes, hijos de Adán, hijos de la lascivia y la lujuria, ustedes que aman la exhibición de la carne, que tienen ideas equivocadas sobre mi Hijo, no pueden esperar que obre de acuerdo a lo que ustedes quieran. No puedo hacer mi obra en ustedes".

¿Cómo puede Dios hacer su obra en personas que parecen pensar que el cristianismo es solo otra forma de obtener cosas de Dios?

Oigo a la gente testificar que dan su diezmo porque Dios hace que con el resto obtienen mucho más que con el cien por ciento de completo. Eso no es espiritualidad; eso son simples negocios. Insisto en que es algo peligroso asociar la obra de Dios con nuestra prosperidad y nuestro éxito aquí abajo. No puedo prometerle que si sigue al Señor, pronto tendrá prosperidad financiera, porque eso no es lo que él prometió a sus discípulos. A lo largo de los años, seguir al Señor ha significado que consideremos todas las cosas como pérdida por la excelencia del conocimiento de Cristo.

Algunos cristianos prosperan

"¿Acaso no prosperan algunos cristianos?", preguntarás.

Tenemos muchos ejemplos de hombres cristianos a los que Dios ha podido confiar una prosperidad inusual, quienes —a medida que continúan siguiendo al Señor— le devuelven la mayor parte. Pero no han hecho del cristianismo solo una técnica para conseguir cosas.

Oigo a la gente testificar sobre su búsqueda de una vida cristiana más profunda y parece que les gustaría conseguirla en forma de píldora. Parece que hubiera sido mucho más conveniente para ellos si Dios hubiera dispuesto la religión de modo que pudieran tomarla como una pastilla con un vaso de agua. Compran libros con la esperanza de obtener su religión por prescripción facultativa. Pero no existe tal cosa. Hay una cruz.

Hay un cadalso. Hay un hombre con manchas sangrantes en la espalda. Hay un apóstol sin propiedades, con una tradición de soledad, cansancio, rechazo y gloria; pero no hay pastillas.

Hay mil maneras en las que intentamos utilizar al Señor. ¿Qué me dice de ese joven que estudia para el ministerio, que estudia hasta que empieza a fallarle la vista, pero quiere utilizar a Jesucristo para convertirse en un predicador famoso? Lo ordenarán y obtendrá el título de reverendo; es más, si escribe un libro, lo harán doctor en teología, pero si ha estado utilizando a Jesucristo, no es más que un vulgar mercader que compra, vende y obtiene ganancias; por lo que el Señor lo expulsará del templo junto con el resto, llegado el tiempo.

También hay algunos entre nosotros, en estos días, que dependen en gran medida de numerosos dispositivos, tecnologías y artefactos para practicar su fe o para sentirse conectados espiritualmente. Esto puede incluir cosas como equipos de sonido, proyecciones audiovisuales, aplicaciones móviles, redes sociales, etc., lo que me tienta a preguntar: ¿Qué harán cuando no tengan la ayuda de esos artilugios? Su práctica religiosa podría debilitarse o volverse inviable sin ellos, ya que no pueden acompañar a la persona en su verdadera travesía espiritual!

Escuché a un hombre alardear en su programa de radio sobre el equipo que iban a traer de Pensilvania y Ohio para servir mejor al Señor. No conozco ningún tipo de equipo que haga resplandecer tu testimonio o tu servicio a Dios.

Pienso en las antiguas y queridas damas que asistían a los campamentos cristianos, que solían decir: "¡Aquí está mi arpa de diez cuerdas, para alabar y glorificar al Señor!". Recuerdo esas manos arrugadas, cubiertas de manchas por la vejez, y sus rostros ajados por el tiempo pero ¡refulgentes como el sol! ¿Y sus arpas? Listas para que esas damas inspiradas les sacaran las más hermosas alabanzas a Dios.

¿Quién necesita tantas baratijas para servir al Señor? Puedes adorar a Dios en cualquier lugar, si lo dejas obrar en tu ser y no tiene competidores. Puede que tu artritis te impida moverte, tanto que ni siquiera puedas ponerte de rodillas para orar; pero puedes elevar la mirada desde lo profundo de tu corazón, ya que la oración no es cuestión de ponerse de rodillas. La oración es elevar el corazón hacia Dios; eso es todo lo que una persona necesita para alabar, orar y adorar.

Algo extraño

Ahora bien, aquí hay algo curioso. Si hablas de misticismo en estos tiempos, todo fundamentalista se molestará y te dirá que los místicos son soñadores emotivos y sentimentales. Sin embargo, todos aquellos antiguos santos y los padres de la iglesia que he leído enseñaban que hay que creerle a Dios con una intención pura y firme, y que después vendrán las demás cosas.

Su intención con Dios era pura, además de que eran hombres piadosos y prácticos. Ellos nos han impulsado a seguir adelante en la fe, nos apetezca o no. Nos han exhortado a orar, con ganas o sin ellas. Nunca nos dijeron que andaríamos en las alturas ni que no pisaríamos el suelo. Eran conscientes de que hay momentos en los que el progreso espiritual tuyo debe depender de una intención pura y decidida con respecto a Dios.

Ah, ¡qué bueno sería tener esa intención pura de conocer a Dios y a Jesucristo! Que fuéramos capaces de poner al mundo, las cosas y la gente a nuestros pies, para entonces abrir nuestros corazones a esa Persona que nos ama: ¡el propio Hijo de Dios!

¡Que todas nuestras relaciones se equilibren apropiadamente! Marido y mujer, padre e hijo, madre e hija, empresario y socio, contribuyente y ciudadano: todos en su posición adecuada; pero en lo más profundo del corazón solo con amor: al único Dios, ese que no admite rivales.

¿Por qué ha insistido Dios en que eso sea así?

Porque su intención es que nuestro entendimiento y nuestra razón sean desafiados, de modo que la situación completa le sea entregada a él. Muchos han conocido los tiempos tenebrosos y la opresión mientras intentaban seguir con Dios y ser llenos de su plenitud. Creíste en Dios y confiaste en Cristo. Lo sintieras o no, seguiste adelante, creíste y obedeciste. Orabas, con ganas o sin ellas. Arreglaste las cosas y ajustaste tus relaciones en casa y en los negocios. Dejaste lo erróneo, las cosas que te habían estado estorbando, lo sintieras o no. Eso es fe, una intención pura hacia Dios, y debo decirte esto: De nuestra oscuridad y de nuestra pena pétrea, Dios levantará un Betel. De la tumba, él te elevará al cielo. De la oscuridad, te llevará a la luz.

Esto es lo que significa amar a Jesús, conocerlo solo por lo que él mismo es. Anhelo fervorosamente que en nuestra era podamos redescubrir la gloria que los hombres alguna vez conocieron de la hermosura de Jesús.

En *La nube del desconocimiento*, el viejo santo escribió que como Dios es celoso con su amor, quiere que no estemos dispuestos a pensar en nada que no sea Dios mismo.

¡Jesús en persona!

Este fue el mensaje del Dr. A. B. Simpson, con el que conmocionó y bendijo a una generación. Su mensaje central: "¡Jesús en persona!".

Cierta vez invitaron a Simpson a Inglaterra para que predicara en una conferencia bíblica. Descubrió que le correspondía predicar el tercero de tres mensajes sobre la santificación, lo que no le pareció muy bien. El primer orador dijo en su sermón que la manera de ser santo y victorioso en la vida cristiana era suprimiendo "al viejo hombre". Luego, el segundo expositor se levantó y dijo que para ser santo y triunfador había que liberarse de la vieja vida carnal. Y señaló con firmeza: "Deshazte del viejo hombre, arráncalo, quítale las raíces para que muera".

El Dr. Simpson optó por ubicarse en el medio y usó dos palabras para su tema: "Él mismo". Luego testificó de los esfuerzos y las luchas que tuvo que enfrentar para conseguir la victoria. Por lo que dijo: "A veces pensaba que la obtenía y luego la perdía. Qué bendición cuando llegué al conocimiento de que había estado buscando en la manera equivocada, cuando descubrí que la victoria, la santificación, la liberación, la pureza, la santidad, todo debe encontrarse en Jesucristo mismo, no en una fórmula. Cuando proclamé a Jesús solo por sí mismo, entendí y la gloria inundó mi vida".

A partir de ese conocimiento y de esa bendición, el Dr. Simpson escribió su famoso himno: "Antes era la bendición, ahora es el Señor. Antes eran sus dones los que quería... ¡ahora solo lo quiero a él!".

Esta es la enseñanza básica de una vida cristiana profunda: dejar que Jesucristo mismo sea glorificado en nosotros y a través de nosotros. Es la voluntad de dejar de intentar utilizar al Señor para nuestros fines y permitirle que trabaje en nosotros para la gloria de él.

Ese es el tipo de avivamiento que me interesa y el único que cuenta: el tipo de avivamiento y renovación espiritual que hará que la gente se estremezca de éxtasis ante la presencia del Señor Jesucristo.

"Antes era la bendición; ahora es el Señor".

CAPÍTULO 7

¡LA OSCURA NOCHE DEL ALMA!

"Recuerda cómo clavaron a Jesús en la cruz. Recuerda la oscuridad, cuando el rostro del Padre se ocultó. Ese fue el camino que Jesús tomó hacia el triunfo inmortal. Así como él, debemos ser nosotros en este mundo".

Estoy convencido de que en el cristianismo del Nuevo Testamento el objeto del Espíritu Santo es doble. En primer lugar, quiere convencer a los cristianos de que, en verdad, es posible que conozcamos la belleza y la perfección de Jesucristo en nuestra vida diaria. En segundo lugar, su deseo es dirigirnos a la victoria y la bendición, como Josué cuando condujo —en su tiempo— a Israel a la tierra prometida.

Lo primero no es muy difícil. La mayoría de los cristianos confesarán sinceramente que todavía hay fronteras espirituales ante ellos que no han estado dispuestos a explorar. Aún queda terreno por recorrer si nuestro objeto es conocer a Cristo, ganar a Cristo, conocer el poder de su resurrección, conformarnos a su muerte. Si nuestro objeto es experimentar dentro de nuestro ser todas aquellas cosas que tenemos en Cristo judicialmente, debemos llegar al punto en que contemos todas las cosas como pérdida por la excelencia de este conocimiento.

Conocemos nuestras fallas, pero somos muy lentos a la hora de permitir que el Espíritu Santo nos conduzca a una vida y a una experiencia cristiana más profundas, ese punto en el que la intención de nuestro corazón es tan limpia que podemos amar a Dios perfectamente y alabarlo dignamente. A pesar de nuestra vacilación, nuestro retraso y nuestra contención, Dios no se rinde puesto que el Espíritu Santo es fiel, amable y paciente, y siempre quiere que vivamos mejor como cristianos.

Recuerdo bien la advertencia de uno de los antiguos santos que he leído, que señalaba que "es común encontrar personas que parecen ser muy virtuosas o santas por lo que dicen en sus discursos o reflexiones teóricas, pero que no reflejan nada de eso en su comportamiento".

Jesús no dijo: "Serás mis discípulos si hablan bien". Lo que dijo fue que por sus frutos y su comportamiento los conocerían. Esta es una regla que nunca engaña, y es por ella que debemos juzgarnos a nosotros mismos.

Dios tamizará a los que solo especulan sobre las afirmaciones de Cristo, y guiará hacia adelante a los que —por su gracia— lo ven en su belleza y lo buscan con amor.

A. W. TOZER

La ilustración de Gedeón

La historia de Gedeón ilustra la forma en que Dios busca sus cualidades en nosotros. Él no nos tiene como simples números o estadísticas. Gedeón estaba a punto de enfrentarse al enemigo y tenía un ejército de 32.000 soldados. Pero el Señor le dijo: "Tienes demasiados hombres; deja que todos los que tienen miedo se vayan". Más tarde, Gedeón dio la orden a las tropas y 22.000 de esos hombres volvieron atrás. Entonces el Señor le dijo de nuevo a Gedeón: "Todavía son demasiados. Puedo ver a aquellos entre ustedes que no están preparados para lo que vamos a hacer. Nunca podrás hacer de ellos soldados israelitas".

Presumo que hay pocos predicadores entre nosotros en el lado superior de este planeta Tierra que hubieran rechazado a esos 22.000, pero Dios estaba enfocándose en la calidad, en aquellos que cooperarían en el cumplimiento de la voluntad de Dios.

Así que Gedeón llevó a los 10.000 hombres al río y los probó como Dios le había ordenado; y cuando esta depuración terminó, Gedeón tenía un ejército de 300 hombres. Dios busca a aquellos que están dispuestos a que sus vidas sean moldeadas de acuerdo a su propia gracia y su amor. Él separa a aquellos que no pueden ver el propósito y el diseño de Dios para nuestra bendición.

Algunos de ustedes conocen algo de eso que se ha llamado "la oscura noche del alma". Unos tienen un deseo espiritual y un profundo anhelo de triunfar, pero les parece que sus esfuerzos por seguir adelante con Dios solo les han traído más golpes, más pruebas y más desaliento. Se sienten tentados a preguntar: "¿Hasta cuándo puede durar esto?".

Permíteme recordarte la travesía de Jesucristo hasta el triunfo inmortal. Recuerda el jardín donde él sudó sangre. No olvides la sala de Pilato, donde le pusieron el manto púrpura y lo azotaron. Recuerda la experiencia con sus discípulos más cercanos cuando todos lo abandonaron y huyeron. Y el viaje colina arriba hasta el Calvario. Cómo lo clavaron en una cruz, aquellas seis horribles horas, cuando el rostro del Padre desapareció. Recuerda la oscuridad y la entrega de su espíritu al morir. Ese fue el camino que Jesús tomó hacia el triunfo inmortal y la gloria eterna. Como él, nosotros también debemos ser en este mundo.

Pocos entran en la luz

Sí, existe una oscura noche del alma. Hay pocos cristianos dispuestos a adentrarse en esa noche tenebrosa; por eso son muy pocos los que entran en la luz. Es imposible que lleguen a conocer la mañana porque no soportarán la noche.

En *La nube del desconocimiento* dice que "Esta obra no requiere mucho tiempo antes de que esté verdaderamente hecha, como algunos piensan, porque es el trabajo más corto de todos los que los hombres puedan imaginar. No es ni más largo ni más corto, sino que depende del impulso que haya dentro de ti, incluso de tu voluntad".

El impulso en nuestro interior no siempre es suficiente. Hay demasiados otros factores: aún no hay un vacío en nuestro interior, un lugar listo para que el Espíritu Santo pueda entrar y sentirse como en casa.

Creo que cuanto más aprendemos de Dios, de sus caminos y del hombre y su naturaleza, más nos abocamos a llegar a la conclusión de que todos somos tan santos como deseemos serlo. Todos estamos tan llenos del Espíritu como lo anhelemos. Por eso, cuando nos decimos a nosotros mismos que queremos ser más santos pero, en realidad, lo somos tanto como queremos, no es de extrañar que la noche oscura del alma tarde mucho en llegar.

La razón por la que muchos siguen atribulados, siguen buscando, siguen avanzando poco, es porque aún no han llegado al final de sí mismos. Todavía estamos dando algunas órdenes e interfiriendo con la obra de Dios en nosotros.

Luchamos por mantener una buena fachada, olvidando que Dios dice que lo más importante es que seamos humildes y mansos, como el ejemplo que nos dio Cristo con su caminar. Parece que los cristianos estamos obsesionados con mantener esa buena fachada. Decimos que queremos ir al cielo cuando muramos para ver fluir al antiguo Jordán, pero pasamos la mayor parte de nuestro tiempo y usamos nuestras energías en la tierra solo para mantener esa buena fachada. Parece que muchos de nosotros le decimos a Dios, como le dijo el apóstata rey Saúl antes que nosotros: "¡Oh Dios, hónrame ahora ante esta gente!".

Cómo ocultar nuestro estado interior

También somos culpables de ocultar nuestra condición interior. La Biblia nos dice claramente que expongamos nuestra situación interior a Dios, pero preferimos ocultarla. Dios no puede cambiar eso si lo cubrimos y lo tapamos.

Disimulamos la pobreza de nuestro espíritu. Si, de repente, nos reveláramos a los que nos rodean por fuera como Dios todopoderoso nos ve dentro, seríamos las personas más avergonzadas del mundo. Si eso llegara a suceder, nos revelaríamos como individuos que apenas pueden mantenerse en pie, personas vestidas con harapos; unas demasiado sucias para ser decorosas, otras con grandes llagas abiertas. Algunas se revelarían en tal estado que serían expulsadas hasta de los barrios más marginales. ¿Acaso pensamos que mantenemos en secreto nuestra pobreza espiritual, que Dios no nos conoce mejor que nosotros a nosotros mismos? Pero no se lo decimos, por lo que disfrazamos nuestra pobreza de espíritu y ocultamos nuestro estado interior para preservar la reputación.

También queremos conservar cierto grado de autoridad. No estamos de acuerdo con que debamos entregar la última llave de nuestra vida a Jesucristo. No es por nada, hermanos, queremos tener doble control: dejar que el Señor la dirija, pero mantener una mano en los controles por si acaso el Señor falla.

Estamos dispuestos a unirnos de todo corazón al canto "A Dios sea la gloria", pero somos extrañamente ingeniosos a la hora de idear formas y medios por los que nos quedemos con parte de la gloria para nosotros mismos. En este asunto de buscar perpetuamente nuestros propios intereses, solo podemos decir que la gente que quiere vivir para Dios, a menudo, se las arregla para hacer muy sutilmente lo que las almas mundanas hacen clara y francamente.

Incluso un hombre que no tenga suficiente imaginación para inventar algo, encontrará la manera de buscar sus propios intereses, y lo sorprendente es que lo hará con la ayuda de algún pretexto que le servirá de pantalla para no ver la fealdad de su propio comportamiento.

Sí, tenemos eso entre los cristianos profesantes, esa extraña ingenuidad de buscar nuestro propio interés bajo el disfraz de que perseguimos los intereses de Dios. No tengo miedo de decir lo que temo: que hay miles de personas que están utilizando la vida profunda y la profecía bíblica, las misiones extranjeras y la sanidad física sin otro propósito que promover secretamente sus propios intereses. Siguen dejando que su aparente interés por estas cosas les sirva de pantalla para no tener que echar un vistazo a lo feos que son por dentro.

Así que hablamos mucho de la vida espiritual, de nuestras victorias y de nuestra condición de muertos a nosotros mismos, pero nos mantenemos muy ocupados rescatándonos de la cruz. Esa parte de nosotros mismos que rescatamos de la cruz puede ser muy pequeña, pero es probable que sea ahí donde residen nuestros problemas espirituales y nuestras derrotas.

Nadie quiere morir en una cruz, hasta que llega al punto en que busca desesperadamente la más alta voluntad de Dios sirviendo a Cristo. El apóstol Pablo dijo: "Quiero morir en esa cruz y quiero saber lo que es morir allí, porque si muero con él también resucitaré con él". Pablo no solo decía: "Él me resucitará de entre los muertos" —pues todos resucitarán de entre los muertos—. Él afirmaba: "¡Quiero una resurrección superior, una resurrección como la de Cristo!". Pablo estaba dispuesto a ser crucificado con Cristo. Sin embargo, en nuestros días queremos morir trozo a trozo, para poder rescatar de la cruz esas pequeñas partes de nosotros mismos.

Hay hombres y mujeres que ruegan y suplican a Dios que los sature de él porque saben que eso sería para bien de ellos, pero luego se resisten tercamente como nuestros propios hijos malcriados cuando se sienten mal y quieren que los ayudemos. Intentas tomarle la temperatura al niño o suministrarle sus medicinas o llamar a un médico, pero él se resistirá, chillará y gritará. Al siguiente suspiro suplicará ayuda: "¡Mamá, estoy enfermo!". Pero no aceptará nada, no dejará que lo ayuden. Es testarudo y malcriado.

Dejemos que Dios haga lo que quiera

Las personas orarán y pedirán a Dios que los llene pero, al mismo tiempo, hay algo extraño: una contradicción interna que impide que nuestra voluntad permita que Dios haga lo que quiera.

Por eso no me gusta pedir a las congregaciones que canten ciertas canciones antiguas como una titulada "Lléname ahora". Creo que es uno de los cánticos más desesperanzadores que jamás se hayan escrito: lúgubre y pesimista. Todavía no he encontrado a nadie que se haya llenado alguna vez mientras cantaba "Lléname ahora, lléname ahora, lléname ahora". Eso, simplemente, no funciona porque si te resistes a Dios, aunque cantes las cuatro estrofas y repitas la última con una melodía lastimera, Dios todavía tendrá que esperar que decidas si esa parte de ti mismo es una de las que está rescatando de la cruz.

Los que viven en este estado de perpetua contradicción no pueden ser cristianos felices. Un hombre que está siempre en la cruz, pieza tras pieza, no puede ser feliz en ese proceso. Pero cuando ese hombre ocupa su lugar en la cruz con Jesucristo de una vez por todas, y encomienda su espíritu a Dios, se desprende de todo y deja de defenderse, seguro que ha muerto, pero hay una resurrección que le sigue.

Si estamos dispuestos a recorrer este camino victorioso con Jesucristo, no podemos seguir siendo cristianos mediocres, estancados, detenidos a medio camino de la cima. Hasta que no renunciemos a nuestros propios intereses, nunca habrá suficiente agitación en nuestro ser para encontrar su voluntad más elevada.

¿Por qué, entonces, tardas tanto? ¿De quién es la culpa de que no tengamos las intenciones de nuestro corazón tan limpias que podamos amarlo perpetuamente y servirle dignamente, y que podamos estar llenos de su Espíritu y caminar en victoria?

Espero haber dejado claro que es culpa nuestra y no de Dios. "Esta obra no pide mucho tiempo antes de que sea verdaderamente realizada, como algunos piensan, pues es la más corta de todas las que los hombres puedan imaginar, según la agitación que haya en ti, por tu voluntad". Si eres de los que están convencidos de que tiene que llevar mucho tiempo, te equivocas. Puede ser una de las obras más rápidas y cortas que un hombre pueda conocer; tan corta o tan larga como su propia voluntad lo determine.

Muchos de nosotros nos aferramos a algo, algo que nos es querido, algo que se interpone entre el Señor y nosotros.

Puede que algunos de ustedes, como jóvenes, tengan un bebé pequeñito que ahora se ha convertido en su tesoro más querido en la tierra. Tal vez hayas oído la vocecita apacible del Señor que te dice: "¿Me encomendarás de nuevo esa vida diminuta? ¿Quitarás tus propias manos de la dirección de esa vida y la cederás al Espíritu Santo?".

Dios trata con todos nosotros en cuanto a su voluntad más elevada tanto para nuestros hijos como para nosotros mismos. Hace años, cuando nuestros dos hijos mayores eran pequeños, yo estaba lejos de casa en una misión de predicación. Dios trató conmigo, de una manera muy clara, en cuanto a mi posesividad del tesoro que tenía en esos dos hijos. Dios me habló y me preguntó si se los entregaría. Yo pensé que con eso lo que quería era que murieran. Me postré en el suelo, al lado de mi cama y daba patadas a la alfombra mientras clamaba a Dios hasta que, finalmente, le devolví mis dos niños a Dios. Desde entonces, al criar a esos muchachos y al resto de mis hijos, he podido ver que Dios no nos los pide para sí mismo; solo quiere llevarnos a un punto en que nos rindamos para que nuestros hijos y nuestras posesiones terrenales no posean nuestra voluntad al extremo de que los adoremos. Dios nos hace pasar por esos momentos porque no debería haber nada, en nuestras vidas terrenales, que antepongamos a él.

Confieso que pasé por eso de morir después de cada hijo que Dios nos dio. Cuando llegó nuestra niña, la dedicamos al Señor en un servicio matutino, pero eso no fue nada. Mi propia dedicación personal a esa niña fue algo prolongado, terrible y agotador. Finalmente le dije a Dios: "Sí, Señor, puedes quedártela". Sabía que Dios no iba a dejarla morir, pues había aprendido esa lección años antes con sus dos hermanos mayores.

Sin embargo, el asunto era que no sabía lo que él quería, por lo que rendirme fue una gran lucha.

Más tarde, al dar un testimonio en nuestra iglesia, dije: "Lo más querido que tenemos en el mundo es nuestra hijita, pero Dios sabe que puede tenerla cuando quiera".

Después del servicio, alguien se acercó y me dijo: "Señor Tozer, ¿no le da miedo hablar así de su hijita?".

"¿Miedo?", le dije. "Pues la he puesto en manos del amor perfecto, un amor que no puede herir a nadie ya que el verdadero amor es incapaz de lastimar. Estoy totalmente contento de que ella esté resguardada en la vida de Jesucristo, cuyo nombre es amor, cuyas manos son fuertes, cuyo rostro es resplandeciente como el fulgor del sol y cuyo corazón es el tierno corazón de Dios, lleno de compasión y bondad".

Posesión preciada

Los que somos cristianos pasamos por esos tiempos de prueba puesto que nuestro Señor desea tratar con nosotros para darnos a conocer el nivel de influencia que ejerce lo que tenemos sobre nosotros mismos. Es decir, debemos estar conscientes de que dominamos nuestras posesiones o si estas nos dominan a nosotros. Para algunos puede ser el compromiso de entregar a su novio o su novia a Dios para que él cumpla su más alta voluntad. Algunas personas le asignan el valor más alto de su vida a su trabajo y a su seguridad.

Para otros es probable que sea una ambición secreta lo que está abriendo una brecha entre el Señor y ellos. Otros pueden estar apegados a la pequeña o gran cantidad que tienen ahorrada en su banco. O las inversiones a las que han confiado su futuro y el de los suyos. Tanto que el simple hecho de perder algo de eso los aterra. No quieren ni pensar que algo así pueda suceder. Tú, por ejemplo, no puedes dormir tranquilo pensando en esas cosas, a pesar de que sabes que puedes confiar perfectamente en el Señor y en la instrucción de su Espíritu que te guiará a puerto seguro.

¿Recuerdas a un personaje bastante gracioso llamado Sancho Panza en ese libro tan conocido como *Don Quijote de la Mancha*? Hay un incidente en el que se afirma que Sancho se aferró al alféizar de una ventana toda la noche, temiendo que si lo soltaba se precipitaría y moriría al estrellarse en el suelo. Pero cuando llegó la luz de la mañana, con la cara enrojecida y casi exhausto, descubrió que sus pies estaban a solo cinco centímetros del suelo. El miedo le impidió soltarse, pero podría haber estado a salvo en toda aquella larga noche.

Utilizo esa ilustración para recordarnos que hay muchos cristianos profesantes cuyos nudillos están blancos de tanto aferrarse ciegamente a su propio alféizar. El Señor les ha estado diciendo: "¡Mírame y suéltame!". Pero ellos se han negado a obedecerlo.

Pablo dijo que deberíamos estar "extendiéndonos hacia lo que está delante" (Filipenses 3:13), pero muchos tienen miedo. Dichosos los hombres y mujeres que le han dado a Dios su camino: esos son los que "prosiguen a la meta, al premio del supremo llamamiento de Dios en Cristo Jesús" (3:14).

CAPÍTULO 8

¡DIOS ESCUCHÓ A ELÍAS PORQUE ESTE LO ESCUCHÓ ANTES!

"La unidad con Cristo significa ser identificado con él en la crucifixión, para luego pasar a ser identificado con él en el poder de la resurrección".

Necesitamos de manera urgente un nuevo tipo de Reforma en todas nuestras iglesias cristianas, una que haga que no solo aceptemos la voluntad de Dios, sino que la busquemos activamente y lo adoremos.

En un momento de la historia, los creyentes preocupados buscaron una reforma que devolviera la Biblia a la iglesia. Lo consiguieron.

Insisto, la iglesia necesitaba una reforma que demostrara que los hombres podían ser perdonados, convertidos y transformados. Eso se produjo, en realidad, con los hermanos Wesley.

La reforma que necesitamos ahora puede describirse mejor en términos de perfección espiritual, que reducida a su forma más simple no es ni más ni menos que hacer la voluntad de Dios. Esto nos expondría a todos en el punto de nuestra necesidad, sin importar lo sólidos que creamos que somos en cuanto a doctrina ni lo grande que sea nuestra reputación.

Anhelo la renovación positiva y genuina que vendría si la voluntad de Dios pudiera cumplirse por completo en nuestras vidas. Todo lo que no es espiritual se iría, y todo lo que no es semejante a Cristo desaparecería, y todo lo que no es conforme al Nuevo Testamento sería rechazado.

Si eso sucede alguna vez, será porque los cristianos están finalmente dispuestos a mirar al Salvador y dejarlo obrar, de modo que cada uno tome su propia cruz con tal alegría que pueda exclamar: "¡Oh cruz, oh buena cruz, te acojo!".

Como creyentes, nuestra relación con la voluntad de Dios puede ser de dos formas: pasiva y activa. En el sentido pasivo estamos resignados a los actos de Dios; por lo que en nuestros tiempos, cuando mencionamos la voluntad de Dios, casi invariablemente nos referimos a este tipo de resignación a esa voluntad.

Esta renuncia la podemos ver en el relato del Nuevo Testamento en el que Dios se le reveló a María. Le dijo lo que iba a hacer, a lo que María respondió: "Hágase en mí según tu palabra" (Lucas 1:38). Dios prometió que realizaría un gran milagro, lo que ella aceptó como la voluntad de Dios, ciertamente.

Sin embargo, el segundo aspecto de la voluntad de Dios es uno que rara vez consideramos: el lado activo de la voluntad de Dios. ¿Cumplimos voluntaria y activamente los mandamientos de Dios, haciendo cambios positivos en nuestra vida según nos indique él para que toda la vida esté de acuerdo con el Nuevo Testamento?

Ese es el aspecto activo de la voluntad de Dios que me gustaría ver como reforma en la iglesia, lo que seguramente resultaría en un avivamiento.

Muchos se contentan con sentarse en los bancos y entonar el cántico que dice: "Haz lo que quieras de mí, Señor; tú el alfarero, yo el barro soy...". Se resignan a esta interpretación de la voluntad de Dios: "Lo que Dios quiera hacer me parece bien". Están pasivamente resignados.

Sin embargo, ¿están dispuestos a escuchar la voz de Dios, a obedecer sus órdenes y hacer lo que él quiere que hagan? Eso se convertiría en la participación activa y la aceptación de la voluntad de Dios. Significaría conformar toda su vida de acuerdo a las enseñanzas del Nuevo Testamento.

Dos cosas que no se pueden separar

Algunas personas, al leer la Biblia, afirman que no pueden entender por qué Elías y otros hombres tenían un poder tan fuerte con el Dios vivo. Es muy sencillo. Dios escuchó a Elías porque Elías había escuchado a Dios. Dios hizo según la palabra de Elías porque Elías había hecho según la palabra de Dios. No se pueden separar las dos cosas.

Cuando estamos dispuestos a considerar la voluntad activa de Dios para nuestras vidas, llegamos inmediatamente a un conocimiento personal de la cruz, porque la voluntad de Dios es el escenario de la angustia bendita, dolorosa y fructífera.

El apóstol Pablo lo sabía. Lo llamó "la participación de sus padecimientos [de Cristo]" (Filipenses 3:10). Estoy convencido de que una de las razones por las que mostramos muy poco poder espiritual es porque no estamos dispuestos a aceptar y experimentar la comunión de los padecimientos del Salvador, lo que significa la aceptación de su cruz.

¿Cómo podemos tener y conocer la bendita intimidad del Señor Jesús si no estamos dispuestos a tomar el camino que él nos mostró? No la tenemos porque nos negamos a relacionar la voluntad de Dios con la cruz.

Todos los grandes santos han conocido la cruz, incluso los que vivieron antes de la época de Cristo. Conocieron la cruz, en esencia, porque su obediencia los llevó a ella.

Todos los cristianos que viven en plena obediencia experimentarán la cruz y frecuentemente se verán fortalecidos en espíritu. Si conocen sus propios corazones, estarán preparados para luchar con la cruz cuando llegue.

Piensa en Jacob, por ejemplo, en el Antiguo Testamento y observa la dirección de la que procedía su cruz: directamente de su propio yo carnal. Jacob tardó algún tiempo en descubrir la naturaleza de su propio corazón, tardó en admitir y confesar que la cruz suya era él mismo: Jacob.

Vuelve a leer sobre Daniel y descubrirás que su cruz era el mundo. Considera a Job y verás que su cruz fue el diablo. El diablo crucificó a Job, el mundo crucificó a Daniel, y Jacob fue crucificado en el madero de su propia personalidad jacobiana, su propia carnalidad.

Estudia la vida de los apóstoles en el Nuevo Testamento y descubrirás que sus cruces procedían de las autoridades religiosas.

Del mismo modo, en la historia de la Iglesia, vemos a Lutero y observamos que su cruz procedía de la iglesia romana, que tanto aprecia las cruces de madera, mientras que la cruz de Wesley procedía de la iglesia protestante. Continúa mencionando a las grandes almas que siguieron la voluntad del Señor, y nombrarás a los hombres y mujeres de Dios que vieron hacia adelante por fe y cuya obediencia los llevó invariablemente a lugares de bendición, dolor y problemas valiosos.

Debo señalar aquí la falacia de algunos que piensan que seguir a Cristo era algo fácil, como por ejemplo subir la colina y morir. Admito que cuando el Señor estaba aquí en la tierra, la forma más fácil y sencilla de evitar problemas era seguirlo físicamente. Cualquiera podía salir del trabajo y despedirse con la explicación: "Me voy a seguir a Jesús". Multitudes hicieron eso. Lo seguían físicamente, pero no lo comprendían espiritualmente. Por lo tanto, en aquel tiempo la forma más sencilla y fácil de deshacerse de la cruz era llevarla físicamente.

Sin embargo, hermanos, tomar nuestra cruz no es tan sencillo como seguir a Jesús por un camino polvoriento. No vamos a subir a la colina, donde ya hay dos cruces colocadas, para que nos claven en ellas.

Nuestra cruz estará determinada por el dolor, el sufrimiento y los problemas que nos sobrevengan aun a causa de nuestra obediencia a la voluntad de Dios. Los verdaderos santos siempre han dado testimonio de que la obediencia de todo corazón saca la cruz a la luz más rápidamente que cualquier otra cosa.

Identificado con Cristo

La unidad con Cristo implica estar identificados con Cristo, identificados con él en la crucifixión. Pero también debemos identificarnos con él en la resurrección, pues más allá de la cruz está la resurrección y la manifestación de su presencia.

No quisiera cometer el error de algunos predicadores que nunca han ido más allá de un mensaje que solo anuncie muerte, muerte y muerte. Lo predican tanto que nunca consiguen que nadie vaya más allá de la muerte, que vaya a la vida de resurrección y a la victoria.

Recuerdo que cuando era joven y me iba bien en lo espiritual, habiendo sido maravillosamente lleno del Espíritu Santo, leí un libro acerca de la cruz. En esa obra, el escritor ponía al lector en la cruz desde el primer capítulo, por lo que uno seguía colgado de la cruz hasta el último. Era un libro lúgubre hasta el final, tanto que me costó mucho quitármelo de encima porque era muerte, muerte y más muerte. Me ayudó mucho, en aquella época, el radiante enfoque del Dr. A. B. Simpson sobre el significado de la cruz y la muerte al yo. Me hizo entender el significado de la cruz y que más allá de ella hay vida y poder de resurrección; entonces comprendí que necesitaba identificarme con el Salvador resucitado y con la manifestación de su presencia amorosa.

El antiguo santo del siglo quince al que tanto cito declaró que "Dios es tan ingenioso que nos hace cruces".

Al considerar eso, tenemos que confesar que cuando los cristianos dicen: "Estoy crucificado con Cristo por fe", solo están utilizando un término conocido y no se refieren a una cruz verdadera. Sin embargo, Dios quiere que sus hijos conozcan la cruz. Él sabe que solo podemos obtener el bien espiritual si nos identificamos realmente con el Señor Jesús. Sí, debemos identificarnos con él. Por eso, usa su ingenio con el fin de fabricar cruces para nosotros. Recuerda aquello que nos dijo él mismo: "Toma tu cruz y sígueme".

La cita continúa: "Puede hacerlas de hierro y de plomo, materiales que son pesados de por sí. Otras cruces las hace de paja, que parecen livianas, que no pesan nada, pero uno descubre que no son menos difíciles de llevar. Una cruz que parece de paja para que los demás piensen que no pesa mucho puede estar crucificándote de pies a cabeza.

"Hace algunas con oro y piedras preciosas, que deslumbran a los espectadores e incitan la envidia del público, pero que crucifican no menos que las cruces que son más despreciadas.

Los cristianos colocados en puestos elevados, aquellos a los que se les confían riquezas e influencias, saben algo del tipo de cruz que puede parecer deslumbrante a los espectadores e instigar la envidia del público; pero aunque sepan llevarla, los crucifica no menos que a los demás.

Pareciera que hace nuestras cruces con todas las cosas que más nos agradan para que cuando se conviertan en amargura seamos capaces de aprender la verdadera medida de los valores eternos.

Parece, también, que a Dios le agrada —a menudo— agregar la debilidad física a esa servidumbre del Espíritu.

"Nada es más útil que estas dos cruces juntas", continúa la cita del viejo santo. "Crucifican al hombre de pies a cabeza".

Confieso que cuando leí eso, conmocionó mi alma, al volver a darme cuenta de que Jesucristo fue crucificado de pies a cabeza, cosa que uno rara vez piensa cuando lee el relato de su crucifixión. Cuando lo clavaron allí, cada parte de su cuerpo fue crucificada; no hubo ni una sola parte de su santa naturaleza que no sufriera toda la intensidad de esos dolores en la cruz.

Los hijos de Dios debemos estar listos para todo lo que traiga la cruz, ¡o seguramente fracasaremos en la prueba! Es el deseo de Dios tratar con nosotros todas las cosas que el mundo admira y alaba, de tal manera que las veamos en su justa medida. Dios nos tratará sin piedad porque desea elevarnos a lo más alto, ¡tal como hizo con su propio Hijo en la cruz!

El apóstol Pablo nos dio esa maravillosa valoración de la voluntad de Dios con la persona y la obra terrenal de Jesucristo en su Carta a los Filipenses:

> Haya, pues, en vosotros este sentir que hubo también en Cristo Jesús, el cual, siendo en forma de Dios, no estimó el ser igual a Dios como cosa a que aferrarse, sino que se despojó a sí mismo, tomando forma de siervo, hecho semejante a los hombres; y estando en la condición de hombre, se humilló a sí mismo, haciéndose obediente hasta la muerte, y muerte de cruz.
>
> —Filipenses 2:5-8 RVR1960

Pero fíjate en la siguiente frase: *Por eso.*

Por eso Dios lo exaltó hasta lo sumo y le otorgó el nombre que está sobre todo nombre, para que ante el nombre de Jesús se doble toda rodilla en el cielo y en la tierra y debajo de la tierra, y toda lengua confiese que Jesucristo es el Señor, para gloria de Dios Padre.
—Filipenses 2:9-11 RVR1960

Por eso mismo, creo que Dios crucificará sin piedad a aquellos a quienes desea resucitar sin medida. Esta es la razón por la que los creyentes tenemos que entregarle el control absoluto de todo lo que consideramos una ventaja en términos de poder humano, talentos y logros. Dios se complace en confundir todo lo que viene bajo el disfraz del poder humano, ¡que, en realidad, es debilidad disfrazada! Nuestro poder intelectual, nuestra gran mente, nuestra serie de talentos: todo eso es bueno si Dios así lo ha ordenado, pero en realidad son debilidades humanas disfrazadas. Dios quiere crucificarnos de pies a cabeza —haciendo ridículos e inútiles nuestros propios poderes— con el deseo de elevarnos sin medida para su gloria y para nuestro bien eterno.

¿Nos atrevemos a percatarnos de la gracia que supone que el Señor de toda la creación desee elevarnos a una posición de tanta gloria y utilidad? ¿Podemos concebir que Dios hable a los ángeles y a todas las criaturas que hacen su voluntad y diga de nosotros: "¡Las limitaciones impuestas a este hijo mío ya no existen! No debe haber restricción ni medida en lo que pueda tener, como tampoco lo hay a donde pueda llevarlo. De modo que, lo resucitaré sin medida porque sin piedad he sido capaz de crucificarlo".

Ustedes que son padres y que han tenido que cuidar de sus hijos saben lo que es castigar sin piedad y, al mismo tiempo, disciplinar con amor y piedad. ¿Qué hacen cuando quieren que su hijo sea el mejor ejemplo de hombría, carácter y ciudadanía? Oran por él y lo aman tanto que darían la sangre de sus venas por él; sin embargo, aplican sin piedad la vara de la disciplina y la corrección. En realidad, ¡es la piedad lo que hace que lo castiguen sin piedad!

Eso parece una hermosa confusión, pero ese es el carácter y el deseo de nuestro Dios para nosotros si es que en verdad somos sus hijos. Es el amor y la piedad de Dios por sus hijos lo que prescribe el castigo de una cruz para que lleguemos a ser la clase de creyentes y discípulos maduros que desea que seamos.

Separados por completo

Creo sinceramente que Dios está tratando de levantar una compañía de cristianos en nuestros días que estén dispuestos a separarse completamente de todos los prejuicios y de todos los deseos carnales. Quiere a aquellos que estén dispuestos a ponerse a disposición de él, preparados para cargar con cualquier tipo de cruz —de hierro, plomo, paja u oro, o lo que sea— y a ser el tipo de ejemplos que él necesita en esta tierra.

La gran pregunta es: ¿Existe entre nosotros una disposición, un afán por el tipo de cruz que él quiere revelar a través de nosotros?

A menudo cantamos un himno que dice: "Sostén tu cruz ante mis ojos que se cierran, brilla a través de la penumbra y señálame el cielo".

Qué cosa tan patética ver la cruz tan malentendida en algunos sectores del cristianismo. Piensa en las pobres almas que nunca han encontrado el significado evangélico ni la seguridad de la expiación y la justificación, la limpieza y el perdón. Cuando llegan al momento de la muerte, lo mejor que saben hacer es aferrarse a alguna cruz fabricada que cuelga de su pecho, sujetándola con fuerza y esperando que surja algún poder del metal pintado o de la madera tallada que los lleve a salvo a la eternidad.

¡No, no! Ese no es el tipo de cruz que ayuda. La cruz que queremos es la que tendremos si estamos en la voluntad de Dios. No es una cruz en una colina ni en una iglesia. No es la cruz que se puede llevar colgada del cuello. Es la cruz de la obediencia a la voluntad de Dios, y debemos abrazarla, ¡cada creyente personalmente!

Que estemos dispuestos a sufrir por causa de Jesús: eso es lo que hemos perdido en la iglesia hoy. Queremos que nuestra Pascua llegue sin necesidad de un Viernes Santo. Olvidamos que antes de que el Redentor pudiera levantarse y cantar entre sus hermanos, tuvo que inclinar la cabeza y sufrir el escarnio ante ellos.

Olvidamos muy fácilmente que en la vida espiritual debe manifestarse la oscura noche antes de que pueda verse el resplandor del amanecer. Antes de que pueda conocerse la vida de la resurrección, debe producirse la muerte que pone fin al dominio del yo. Es una decisión seria pero bendita, esta voluntad de decir: "Lo seguiré cueste lo que cueste. Tomaré la cruz sin importar cómo venga".

A partir de mi propia experiencia en este punto, escribí hace años unas palabras que han sido —por mucho tiempo— mi oración constante:

Oh Dios, permite que muera bien y no me dejes vivir mal.

Guárdame, Señor, de caer alguna vez y ser otro cristiano del montón.

Señor, prefiero lograr algo significativo en la vida, y terminar mi carrera, que llevar una vida pobre e inútil sin propósitos relevantes.

Como individuos, a menudo, decimos que queremos que llegue el avivamiento. Sin embargo, el avivamiento vendrá a nosotros y dentro de nosotros cuando realmente lo deseemos, cuando paguemos el precio.

¿Has llegado a buscar ese avivamiento sinceramente, al punto que hasta parece que sufres los dolores de parto en el Espíritu, al extremo que padeces ese dolor y esa angustia por causa de Jesús?

Si no es así y no te consagras a buscarlo, puedes seguir orando por el avivamiento hasta el día que mueras. Puedes unirte a cualquier grupo, quedarte despierto y orar por ese avivamiento todo el tiempo, pero lo único que harás es perder el tiempo. Y eso es una gran pérdida.

Debemos atrevernos a orar y pedirle a Dios: "Oh Señor, crucifícame de pies a cabeza; estoy dispuesto a ser sacrificado y renunciar a cualquier forma de gloria terrenal en favor de una vida de humildad y entrega absoluta".

¡Esta es la reforma que necesitamos!

CAPÍTULO 9

NO ECHES LA CABEZA POR LA BORDA: ¡LA NECESITARÁS!

"Me preocupan los intentos de algunos evangélicos de equiparar al cristianismo con todo el saber, toda la filosofía y toda la ciencia".

Hay un gran malentendido en el cristianismo actual en cuanto al valor del esfuerzo y la capacidad humana en relación con el conocimiento de Dios y la comunión con él como su rebaño en esta tierra.

Si estás anhelando a Dios con la expectativa de que vas a ser capaz de reflexionar en tu camino hacia él, estás completamente equivocado. Ese es un anhelo que no puede saciarse con esfuerzo humano. Es algo más profundo y espiritual que no puede ser alcanzado únicamente con el trabajo arduo ni las acciones físicas. No puede ser satisfecho utilizando solo la inteligencia humana o la imaginación, pues en todo ello hay un elemento de "desconocimiento" o misterio, una dimensión profunda y divina que está más allá de nuestra comprensión humana, ya que este deseo está conectado con algo sagrado y trascendente. Así que no nos atrevamos a conformarnos con menos.

Por eso me preocupan los intentos de algunos evangélicos de equiparar al cristianismo con todo el saber, toda la filosofía y toda la ciencia. Si siguen por esos caminos ciegos, se encontrarán —en última instancia— en el campo de los teólogos liberales y bajo el frío ceño de Dios todopoderoso.

Muchos de ellos aparentemente pasan por alto el hecho de que el Espíritu de Dios nunca prometió llenar la cabeza del hombre. La promesa es que Dios llenará el corazón, es decir, el ser más íntimo del individuo. La Palabra de Dios aclara muy bien que la Iglesia de Jesucristo nunca operará ni ministrará ni prosperará a causa de la cantidad de conocimientos que tengan los cristianos, sino por la pasión y la urgencia del amor y la compasión de Dios fluyendo a través de sus vidas.

Ahora bien, no eches tu cabeza por la borda: ¡vas a necesitarla! Estoy convencido de que Dios ha dejado claro que solo el hombre, de entre todas las criaturas, ha sido creado para que pueda tener plenitud de conocimiento sobre la tierra y todas las maravillas y glorias que encierra. Creo que a través de la gracia el hombre puede tener ese grado de conocimiento, incluso sobre las obras de Dios; pero esto no significa en absoluto que lo encontremos, lo conozcamos y lo amemos a través de procesos de pensamiento y sabiduría humanos.

Es total y absolutamente inútil intentar pensar en establecer un camino propio para conocer a Dios, eso está más allá de la capacidad intelectual que tenemos. Lo cual no significa que nos sea imposible meditar en él.

Esto puede ilustrarse con uno de los peligros de nuestro tiempo. Un joven, por ejemplo, que anhela conocer todo lo posible acerca de Dios para así servirle mejor. Así que va a ver a un maestro que le dice: "Vamos a reflexionar sobre esto". Pero solo eso, que van a reflexionar. Luego, el joven se marcha y le dice: "¡Gracias, doctor!". Él cree que ya está listo, pero no ha recibido nada. Se le ha enseñado en cuanto al intelecto pero su corazón no ha sido satisfecho, por lo que se marcha aún hambriento.

Si no nos enamoramos de Cristo y si solo nos contentamos con conocer las obras de Dios y los sistemas teológicos, nuestra hambre de Dios no quedará satisfecha.

Ahora bien, sé que hay un elemento intelectual en el evangelio, pues uno de los atributos de la deidad es el intelecto. A este elemento lo llamamos teología o doctrina. El pensamiento humano puede ocuparse de la teología y de la doctrina. Estas cosas son necesarias y correctas, están en su lugar; pero debe haber una búsqueda del corazón y del ser más allá del intelecto.

Un antiguo himno dice: "El Espíritu sopla sobre la Palabra y trae la verdad a la vista". Descubrimos más gloria en las Escrituras cuando el Espíritu sopla sobre ellas. Es posible que las Escrituras se "enseñen" meramente como una exposición intelectual, pero si no se permite que el Espíritu insufle la vida de Dios en la verdad, nuestra enseñanza puede ser inútil y hasta perjudicial.

Conoce a Dios

Cuando cantamos: "Te busco, Señor, más allá de lo que está escrito en las páginas sagradas", no queremos decir que busquemos en contra o al margen de la Palabra de Dios. La página sagrada no ha de ser un sustituto de Dios, aunque millones de personas la hayan convertido en eso. La Sagrada Escritura no ha de ser el fin, sino el medio hacia ese fin, que es conocer a Dios mismo.

En nuestra época muchos creyentes se conforman con conocer y tener el texto, y argumentan que como lo poseemos debemos tener ciertamente la experiencia.

La experiencia con Dios en el creyente debe resultar del texto sagrado, ¡pero es posible tener el texto y no tener la experiencia!

Esto puede ilustrarse de forma sencilla aunque clara. Supongamos que un hombre muy rico muere y deja un testamento en cuyo texto se transfieren todos sus millones a su único hijo. Entonces, el hijo y heredero le pide al abogado el texto del testamento de su padre y se lo lleva. Al pasar el tiempo, el heredero se transforma en un mendigo harapiento y hambriento, que ruega por un mendrugo de pan en la calle.

Sin embargo, cuando alguien le dice: "Pobre hombre, está mal, débil, pálido y enfermizo", el heredero reacciona con determinación.

"No me hable así", responde. "¡Tengo mucho más de lo que nunca podré usar!".

Para demostrarlo, abre el testamento y lee: "A mi querido hijo, Charles, le lego mis propiedades, mis acciones y mis bonos, mis cuentas bancarias, todo mi patrimonio".

Como ve, Charles está completamente satisfecho con el texto del testamento. Lo tiene y lo conserva, pero nunca lo ha hecho ejecutar, nunca lo ha presentado para su legalización, nunca ha presentado sus legítimas reclamaciones a la herencia. En la práctica, no ha recibido nada. Simplemente tiene el texto del testamento.

En el mismo sentido, el cristiano puede andar aferrado al libro de Efesios y no darse cuenta de que está espiritualmente flaco y hambriento, pálido y débil, además de harapiento. Si un pastor o un evangelista le sugiere que podría estar en un estado espiritual más próspero, puede producirse una reacción fuerte y tenaz.

"No hable así de mí", puede decirle. "¿No soy aceptado en el Amado? ¿No lo tengo todo en Jesús? ¿No es Dios mi Padre y no soy heredero con Dios?".

¿A cuántos de nosotros describe esto, cojeando en nuestro camino, andrajosos y solitarios deambulando por las calles? Una cosa es tener el texto con el testamento escrito y otra es entrar en posesión de las riquezas transferidas. La voluntad de Dios es una cosa, pero tener esa voluntad y ponerla en práctica es otra.

Ilustración del Antiguo Testamento

Dios ha tenido a bien darnos una poderosa ilustración en el Antiguo Testamento en cuanto a la necesidad de la iluminación divina: una experiencia transformadora y sobrenatural necesaria para la vivificación del alma. Y está en el relato de la entrada del sumo sacerdote de Israel en el Lugar Santísimo. Primero, en el orden que Dios estableció, estaba el atrio exterior, sobre el cual no había techo ni cubierta. Cuando el sacerdote estaba allí, la luz natural del sol lo ayudaba.

Luego pasaba a través de un velo al Lugar Santo. Ahí no había luz natural, ya que los sacerdotes mantenían una luz artificial encendida.

Más adelante estaba el Lugar Santísimo, donde no había ni luz natural ni luz artificial. Solo estaba la gloria o Shekhiná, la luz sobrenatural de Dios que brillaba desde el propiciatorio. Cuando el sacerdote entraba en el Lugar Santísimo, no había nada humano en lo que pudiera apoyarse. El intelecto no tenía ninguna importancia. No había luz eclesiástica ni predicador alguno.

Piensa en aquel hombre elegido para ejercer como sumo sacerdote en aquellos tiempos. Entraba al Lugar Santísimo consciente de que el Dios que hizo el cielo y la tierra moraba en el fuego, entre las alas de los querubines. Sabía que ese era el Dios que posee innumerables atributos y cuya existencia es infinita e ilimitada. Ese hombre, como humano, sabía que Dios moraba allí y que como sacerdote debía moverse ante esa Presencia.

En el atrio exterior, había una luz en lo alto que lo ayudaba. Eso podría representar a nuestra iglesia o denominación, las cosas naturales de las que a menudo dependemos.

Entrando en el Lugar Santo, todavía había luz artificial, lo que tal vez podría ser una representación de nuestra teología.

Sin embargo, tenía que seguir adelante hasta que despareciera la luz natural o artificial: ¡solo quedaba un resplandor sobrenatural! Allí, en esa Presencia, no tenía nada que le asegurara salvo el carácter de Dios, nada que lo protegiera salvo la sangre derramada.

Además, estaba solo. Nadie más podía entrar con el sacerdote. Sus asistentes podían ayudarlo a descorrer el velo, pero tenían que retroceder con la mirada dirigida hacia otra dirección. Solo el sumo sacerdote con la sangre podía entrar en el lugar más sagrado de todos. Sin la protección de la sangre, se habría quemado como arde una hoja en el fuego. No había consuelo ni ayuda ni consejo humano. No había ningún otro individuo que le diera palmaditas en la espalda, nadie que le mostrara el texto, nadie que lo ayudara. Estaba completamente solo, pero ¡tenía el carácter de Dios que lo afirmaba!

Debes estar solo

Hermanos, cuando por fin tengamos nuestro encuentro con Dios, tiene que ser a solas en lo más profundo de nuestro ser. Estaremos solos aunque estemos rodeados de una multitud. Dios tiene que separar a cada individuo del rebaño y marcarlo completamente solo. Es un acto individual, no es algo que Dios haga por nosotros en una multitud..

Si se necesita una multitud para que te conviertas, en verdad, ¡no te has convertido! Si se necesita una multitud para que recibas la plenitud del Espíritu Santo, te vas a decepcionar.

Sé que la gente no quiere estar a solas con Dios, pero si su corazón anhelante encuentra alguna vez el agua viva, deseará estarlo. Los seres humanos queremos ayudarnos unos a otros, y eso es bueno en la medida en que podamos, pero Dios quiere que acudamos a su presencia allí donde no haya ayuda natural ni artificial. Nuestras denominaciones tienen su lugar, pero no pueden ayudarnos en el punto en que estemos solos. Dios nos pide que acudamos a él con una intención pura. Debemos querer a Dios por lo que es, ¡y nada más! Cuando nos presentamos ante él de esa manera, es una bendición contar con la seguridad de que él mismo ha eliminado todos los impedimentos legales para que nos alleguemos a él. ¡Es un glorioso fundamento que Jesucristo haya eliminado todos los impedimentos legales!

Existen muchas razones legales por las que yo no debería ir al cielo. Hay muchos otros motivos por los que no debería ir allá. Creo que un Dios santo debe dirigir su universo de acuerdo con una ley santa, y yo no pertenezco a ello porque he quebrantado cada una de esas leyes santas en cierta manera. Por lo tanto, tiene que haber una redención, una justificación de algún tipo para que yo pueda tener a Dios y él me tenga a mí.

Gracias a Dios, que eso ¡está hecho! El lenguaje del Nuevo Testamento es tan claro como puede serlo, ya que lo afirma nítidamente: en Jesucristo —y a través de su muerte y su resurrección— todo impedimento legal ha sido hallado y eliminado. No hay nada que lo impida, excepto tú mismo, ninguna razón por la que no podamos entrar en todas las profundidades de la plenitud de Dios.

Así que debo repetir: demasiadas personas están tratando de abrirse paso mediante el pensamiento. La única manera de hacerlo es creerle con nuestros corazones para siempre, clamando por él y mirándolo con una intención pura y amorosa. Llega el momento en que todo lo que podemos hacer es creerle a Dios: creer lo que él dice, creerle y amarlo.

Pensar no es suficiente

El proceso del pensamiento no es suficiente en este reino. El gran Dios todopoderoso que llena el universo y se desborda en la inmensidad nunca puede ser rodeado por esa pequeña cosa que llamamos nuestro cerebro, nuestra mente, nuestro intelecto; ¡nunca, nunca, nunca! Nunca podremos elevarnos para enfrentarnos a Dios por lo que sabemos ni por lo que somos, ¡solo por el amor y la fe podremos conocerlo y adorarlo!

Ya sabes lo que es el vacío: un lugar en el que no hay nada, ¡ni siquiera aire! Nos dicen que la naturaleza aborrece el vacío y que, a menos que esté rodeado por una carcasa dura de algún tipo, el aire —o el agua o algún otro elemento— se precipitará y lo llenará. Debería ser un grato conocimiento para nosotros que el reino de Dios también aborrezca al vacío, y que cuando uno se vacía, Dios se precipita para llenarnos.

Joseph Henry Gilmore escribió, en 1862, el himno "Él me guía", que en una de sus estrofas dice lo siguiente:

Atraído por el amor de mi Redentor

Tras él sigo velozmente;
    Atraído de la tierra a las cosas de arriba,
    Arrancado, al fin, de mí mismo.

¡Arrancado, al fin, de mí mismo! Si no somos capaces de hacer esta confesión, se convertirá en uno de nuestros mayores problemas. Si no nos atraen las cosas de arriba más que las de abajo, ¿cómo podemos ser atraídos para estar con Dios? Qué momento tan feliz cuando seamos sacados de nosotros mismos y, en ese vacío, se precipite la bendita presencia de Dios. Nuestro sometimiento a él se debe únicamente a que lo amamos, y nuestra resignación a su voluntad solo es por su placer, pues él quiere y merece ser amado y servido así.

Lo maravilloso de la invitación del Espíritu Santo de Dios es que no dice cosas diferentes a personas distintas. El Espíritu Santo no dice dos cosas; dice una sola. Dice lo mismo a todos los que lo escuchan.

Lo que dice es: "¡Viértete! ¡Entrégate a mí! ¡Vacíate! ¡Trae tus vasijas de barro vacías! Ven con mansedumbre como un niño!".

El Espíritu Santo es el que lo atrae a uno, pues ¿quién conoce mejor todas las cosas de Dios y las de nosotros sino él? Él nos saca del fango del egocentrismo, de modo que uno deja de pensar que es alguien, se libera de sí mismo y busca a Dios solo por lo que él es.

Medita en aquella mujercita, de hace siglos, que tropezó con Jesús en medio de una multitud (ver Marcos 5:25-34). En esa ocasión, casi aplastan al Maestro por la cantidad de personas que lo apretujaba por todos lados. Sin embargo, la débil mujer ignoró por completo los empujones y los pisotones, y —como si ella y el Salvador estuvieran solos— tocó el borde del manto del Señor... ¡y quedó sana!

Jesús volteó la cabeza y dijo: "¿Quién me ha tocado?". Los que lo rodeaban le respondieron: "Esa es una pregunta tonta. Estás en medio de una muchedumbre, te empujan, te presionan y preguntas: "¿Quién me ha tocado?". Jesús contestó: "Solo pregunté quién me tocó con fe. ¿Quién me tocó con amor?". Muchos lo empujaron, pero esa mujer lo había tocado realmente con fe, amor y asombro, y fue sana.

Aún en nuestros días existen multitudes, reuniones y oportunidades para acercarse a Jesús con fe y amor. Pero tenemos reuniones en las que los participantes se deleitan en la multitud e ignora al Señor. En medio de nuestras asambleas, ¿no está Jesús siempre esperando que alguien haga caso omiso de la multitud, de las circunstancias y de las tradiciones, y que se abran paso con amor y fe para tocarlo y obtener su sanación total?

¡Oh, volvamos a la Palabra de Dios! Considera cuán sedientos estaban los amigos de Dios por él. La gran diferencia entre nosotros y los Abraham, los David y los Pablo es que ellos lo buscaron y lo encontraron, pero continuaron haciendo eso ¡siempre!

Ahora, lo aceptamos y no lo buscamos más, ¡y esa es la gran diferencia!

En el Cantar de los Cantares, del Antiguo Testamento, aparece la atractiva historia de una chica profundamente enamorada de un joven pastor. Es tan bella que un rey se siente atraído por ella y exige sus favores, pero ella permanece fiel al sencillo pastor, su gran amor, el que recoge lirios bajo el rocío de la noche y va a buscarla y a llamarla a través de la ventana. En muchos sentidos esta es una imagen del Señor Jesús, el pastor;

de su amor y su cuidado por su esposa, la Iglesia; y del mundo representado por el rey que demanda nuestro amor.

En el relato bíblico, el pastor clama: "Levántate, amada mía ... se han ido las lluvias ... Ya se escucha por toda nuestra tierra el arrullo de las tórtolas" (Cantares 2:10-12).

Pero ella lo rechaza, con excusas, diciéndole que tiene las manos llenas de ungüento y que ya se ha ido a dormir. Así que él se marcha entristecido. Sin embargo, ella siente pena en su corazón y se levanta de la cama para buscar a su amante pastor. Al no encontrarlo, pide ayuda. Sus amigas le preguntan: "¿En qué aventaja tu amado a otros hombres, que nos haces tales ruegos?" (5:9).

"¡Ah, mi amado es apuesto!", responde ella. "Vino y me llamó. Lo oí pero no tuve valor para ir. Ahora sé lo que me he perdido, por lo que debo encontrarlo".

Al fin es capaz de confesar: "¡Hallé ... al que ama mi alma!". Se había afligido, pero no estaba lejos. Así sucede con nuestro Amado: está muy cerca de nosotros y espera que lo busquemos.

Ah, un corazón que clama siempre por aquel a quien ama es mejor, en verdad, que el que se ha conformado con lo poco que ya conoce.

CAPÍTULO 10

OLVIDA QUE TE DIJERON QUE TE CALLARAS

"¿Por qué no captamos la iluminación divina de Jesucristo en nuestras almas? Porque hay una nube que se interpone entre el rostro sonriente de Dios y nosotros".

No puedo evitar creer que en nuestra generación haya una gran nube negra que cubre gran parte de la iglesia evangélica fundamental y que, prácticamente, ha desconectado nuestra conciencia del rostro sonriente de Dios.

La textualidad, un sistema de rígida adhesión a las palabras, ha cautivado en gran medida a la iglesia, que sigue utilizando el lenguaje del Nuevo Testamento pero con el Espíritu de un Nuevo Testamento triste.

DILE AL DIABLO: "¡ESCRITO ESTÁ!".

La doctrina de la inspiración verbal de las Escrituras, por ejemplo, aún se mantiene pero —de tal manera que— su iluminación y su vida han desaparecido tanto que se ha instaurado cierto *rigor mortis* para ella. Como resultado, el anhelo religioso se ha ahogado, la imaginación cristiana se ha insensibilizado y la aspiración espiritual se ha estrangulado.

La "jerarquía" y los "escribas" de esta escuela de pensamiento nos han dicho e instigado a callarnos y dejar de hablar del anhelo y el deseo espirituales en la Iglesia cristiana.

Ya hemos visto la reacción a esto entre las masas de cristianos evangélicos. Ha habido una revuelta en dos direcciones, una algo más bien inconsciente, como el jadeo de un pez en una pecera donde no hay oxígeno. Una gran compañía de evangélicos ya se ha pasado al ámbito del entretenimiento religioso, de modo que muchas iglesias evangélicas están pisoteando las puertas del teatro. Frente a eso, algunos sectores serios del pensamiento fundamentalista y evangélico se han rebelado adoptando la posición del racionalismo evangélico, el que considera conveniente hacer las paces con el liberalismo.

Por eso es que el mensaje acerca de la perfección espiritual y del anhelo de Dios suena tan extraño a nuestra generación. Por un lado, las multitudes proclaman: "¡He aceptado a Jesús, '¡qué gran cosa!'. Divirtámonos!". Por otra parte, los hombres serios y reverentes se acercan peligrosamente a las fronteras del liberalismo. Entre tanto, se permite que el mensaje, los objetivos y los métodos del Nuevo Testamento permanezcan latentes, aunque menospreciados y olvidados.

He leído por muchos años en los antiguos clásicos devocionales el deseo de los santos de Dios de mantener encendidas las velas de sus almas, día tras día. Ellos buscaban sentir el fuego divino en sus corazones y experimentar la bienaventuranza de la reconciliación con Dios. Consta que siempre estuvieron dispuestos a renunciar a todo lo mundano para poseer el tesoro enterrado en el campo de sus corazones.

Esta doctrina no es nueva y no debería parecernos muy diferente ni extraña. ¿No ha hecho Cristo plena expiación por nosotros? ¿Acaso no deberíamos renunciar a todo lo que nos impida la experiencia consciente de conocer y recibir el reino de Dios en nuestro interior?

El rostro de Dios se vuelve hacia nosotros. La famosa Dama Juliana (Juliana de Norwich) escribió hace varios siglos lo siguiente: "¡Las preciosas reparaciones que nuestro Señor ha hecho por el pecado del hombre han convertido toda nuestra culpa en una honra sin fin!". Pablo dijo lo mismo de la siguiente forma: "Donde abundó el pecado, sobreabundó la gracia" (Romanos 5:20).

Es un conocimiento ciertamente glorioso que el rostro sonriente de Dios se vuelva hacia nosotros. ¿Por qué, entonces, no captamos la maravillosa y divina iluminación de nuestro Salvador, Jesucristo? ¿Por qué no conocemos el fuego divino en nuestras propias almas? ¿Por qué no nos esforzamos por sentir y experimentar el regocijo de la reconciliación con Dios?

La nube negra

Permíteme decirte por qué: eso se debe a que entre nosotros y el rostro sonriente de Dios hay una nube negra que impide nuestro contacto.

Algunos descartan el tema diciendo que todo es cuestión de posición ante Dios, más que de posesión. Esa es una respuesta tan fría como el hielo seco, tanto que solo puede dar lugar a una mayor frialdad del alma.

Creo que el rostro sonriente de Dios siempre está en dirección a nosotros, pero la nube que impide que nos veamos es obra nuestra.

El clima puede ser una ilustración de esas condiciones espirituales que permitimos y fomentamos bajo una nube. Se nos dice que el sol siempre está brillando. Desde el día en que Dios dijo: "Que el sol gobierne el día", el astro rey ha estado resplandeciendo. En la tierra hay sectores, sin embargo, en que hay días nublados, oscuros y brumosos; mientras en otros reina la claridad. No obstante, he visto días tan oscuros que las gallinas han permanecido durmiendo y hay que encender las luces.

Sí, aunque no lo veamos, el sol resplandece en esos días oscuros y brilla con la misma intensidad que en el día más lindo de junio. No hay que preocuparse por el sol: ¡siempre brillará! Pero la nube negra que lo oculta se interpone entre el resplandor del sol y la tierra.

Aplica esto a la vida cristiana. Todo lo que se puede hacer por nuestra salvación ya se hizo. Cristo murió por nosotros y resucitó de entre los muertos. El rostro de Dios brilla sobre nosotros pero, como cristianos, permitimos que se formen las nubes que lo ocultan.

A veces puede ser una nube causada por nuestro testarudo orgullo. Es posible que seas un hijo de Dios, que el cielo sea tu hogar y, sin embargo, puedes seguir —toda una vida— sin la maravillosa y divina iluminación del Salvador, Jesucristo. No te doblegarás. No cederás ni ante Dios ni ante el hombre. Recuerda la queja de Dios contra Israel cuando dijo: "Tu cuello es ... de hierro y ... tu frente es de bronce" (ver Isaías 48:4). No pudo conseguir que Israel se doblegara ni que cediera a su voluntad.

La voluntad propia es un pariente cercano del orgullo, uno que forma una nube que puede ocultar el rostro de Dios. En realidad, la voluntad del hombre puede ser algo muy religioso, ya que puede ser aceptada directamente en la iglesia cuando te afilias a ella. Puede entrar directamente en tu alcoba contigo cuando oras. Sin embargo, recuerda esto: la voluntad propia es bondadosa solo cuando puede salirse con la suya. De lo contrario, es gruñona, malhumorada e irritable. Bajo esta nube, debemos examinarnos a nosotros mismos y preguntarnos: "¿Es mi entrega a Dios verdaderamente completa?".

La ambición también puede generar una nube negra, sobre todo en el ámbito de la religión o la fe. A veces hay cosas que reclamamos para nosotros, es posible que sea una posición, un halago o un reconocimiento que no va de acuerdo a la voluntad de Dios; puede ser una ventaja que deseamos en particular. Si es algo en lo que nos negamos a ceder, insistiendo en que es nuestro y que nos pertenece, es probable que esa nube negra se haga impenetrable. Esto no solo puede ocurrirles a los laicos, también puede sucederles a los ministros; de ahí el consejo que ofrezco. El predicador no debe instalarse cómodamente en su posición y dar prioridad a sus ambiciones. El predicador que es ambicioso será descubierto. Su pastorado, su predicación, su posición: todo debe estar en primera línea, listo para entregarlo a los necesitados si quiere conocer la sonrisa y la bendición de Dios.

Presunciones falsas

Luego está la cuestión de la presunción. Algunos cristianos reconocen que la nube negra está ahí, así que presumen de que pueden ayunar y orar para así traspasarla. Pero no se puede orar a través de este tipo de nube, el ayuno —en tal caso— no es más que otro tipo de terquedad.

No tenemos ninguna palabra de Dios que indique que las largas oraciones lo arreglarán todo. De hecho, ¡hay casos bíblicos en los que Dios tuvo que suspender las reuniones de oración porque eran inútiles!

Quizá recuerdes que en un momento de la historia de Israel, el profeta Samuel intentaba orar por el rey Saúl cuando Dios le dijo: "Samuel, no ores más por Saúl. Está acabado".

En otra ocasión, Josué estaba tendido boca abajo y oraba. Habríamos escrito un tratado sobre su santidad en la oración, pero Dios le dijo: "Josué, ¿qué estás haciendo? No honro a un hombre por quejarse. Levántate y enfréntate a la situación que hay ante ti y entonces te bendeciré".

La oración genuina sigue siendo el deseo sincero del alma, por lo que Dios sigue respondiendo. Pero debemos renunciar a esa idea de que podemos aferrarnos a esas cosas que traen la nube y aun así ser capaces de orar para que desaparezca. No es posible hace eso.

Reflexiona conmigo sobre el miedo. El miedo siempre es hijo de la incredulidad. Los temores infundados, unidos a la incredulidad, se convierten en una nube de oscuridad sobre tu cabeza. Temes que puedas enfermar de cáncer. Temes que tu hijo pueda quedar lisiado. Temes perder tu trabajo. Te atemorizan los misiles teledirigidos de Rusia. El Señor quiere que le entreguemos todos nuestros temores. Él ha hecho una provisión completa para nosotros; es cuestión de que nos rindamos y confiemos. ¡Él puede hacerlo!

El amor propio también contribuye a formar esa nube. A los humanos les encanta bromear al respecto, pero el amor propio no es cosa de chistes. Una persona que se ha convertido y es cristiana puede seguir manteniendo una nube negra sobre ella simplemente amándose a sí misma. El amor propio, la admiración por uno mismo y la gratificación del yo de diversas maneras, todos esos son pecados propios. El "escriba" moderno los excusa y nos asegura que nadie puede hacer nada al respecto. Sin embargo, ¿qué es este gemido, este grito en nuestro interior, que clama que las velas de nuestras almas ardan con fuerza y conozcamos la iluminación divina?

No debemos olvidar que también hay una nube que se levanta sobre nuestra actitud hacia el dinero y las posesiones de todo tipo. El dinero se interpone a menudo entre Dios y los hombres. Alguien dijo que uno puede agarrar dos simples monedas de un centavo —solo dos—, y tapar con ellas la vista de un paisaje panorámico. Vé a un lugar en el que haya una montaña, párate ante ella —a cierta distancia— y simplemente coloca las dos monedas delante de tus ojos: la montaña sigue ahí pero no puedes verla, en absoluto, porque hay una moneda de diez centavos que impide la visión de cada ojo. Sin embargo, no es tanto una cuestión de grandes posesiones o riquezas. Es un asunto de actitud y de si le permites o no al Señor conducirte y guiarte en la administración de lo poco o de lo mucho.

¿Has revisado tus actitudes con las personas, con la sociedad, con las tradiciones? ¿Estás decidido a "adaptarte"? ¿Pasas la mayor parte de tu tiempo intentando adaptarte y ajustarte a algo? ¿Estás ocupado enseñándoles a tus hijos que llevarse bien con la gente es la parte más importante de la vida? Si estos son tus objetivos, tendrás una nube sobre tu corazón, hermano cristiano.

La respuesta

¿Cuál es la respuesta a esta creciente lista de actitudes que generan esas nubes? Creo que debe ser que te dispongas a poner cada una de esas feas nubes que están sobre ti bajo tus pies, por la fe y por la gracia.

Pablo nos dio este ejemplo cuando dijo: "Una cosa hago: olvidando lo que queda atrás y esforzándome por alcanzar lo que está delante" (Filipenses 3:13). Consideró que esas cosas que estaban detrás de él habrían ocultado el rostro de Dios si se les hubiera permitido permanecer en primer plano. Así que las puso todas esas cosas —derrotas, equivocaciones, errores, reprimendas— bajo sus pies a través del olvido.

Este es el punto de la victoria para el cristiano: poner la nube bajo nuestros pies para que volvamos a ver el rostro sonriente de Dios. Lo bendito es que Dios ha estado allí todo el tiempo ¡esperando que nos presentemos ante él!

Tuve una experiencia grata y memorable en un avión que salía de Nueva York hace algunos años. Era una tarde oscura y lluviosa. Cuando ya estábamos a bordo de la aeronave, el piloto, sereno y amable, pronunció un pequeño discurso sobre el mal tiempo.

"Estaremos bajo un sol brillante durante quince minutos después del despegue", nos aseguró. "El mapa meteorológico muestra que disfrutaremos de un tiempo excelente y despejado durante todo el trayecto hasta Chicago, después de que superemos el humo contaminante, la niebla y las nubes".

En cuanto estuvimos en el aire, las nubes se pusieron blancas y en unos instantes las tuvimos bajo nuestros pies. El astro rey brillaba intensamente en lo alto y volamos esos 1500 kilómetros bajo un sol radiante.

No tuve que ayudar al piloto en absoluto, ¡aunque lo intenté! Soy un tipo nervioso, así que intento mantener el equilibrio del avión cuando nos inclinamos o giramos, para nada. Pero ese piloto seguro de sí mismo y sonriente no tiene que contar con mis setenta kilos de peso para equilibrar ese enorme monstruo de cuatro motores. Nos dijo que podía hacernos subir a la luz del sol... y lo hizo.

En el reino espiritual tenemos un Piloto que nos ha prometido su luz solar y, si consentimos, pondrá las nubes bajo nuestros pies. Solo nos pide que estemos dispuestos. Si le permitimos que ponga la nube bajo nuestros pies, descubriremos para nuestra alegría que él oculta todo lo pasado, todo lo que nos ha avergonzado, afligido y preocupado. Dios espera que subamos a ese lugar de descanso y poder espirituales. "Hacia el sol en quince minutos", afirmó el piloto del avión.

"A la luz del sol de la voluntad de Dios, tan pronto como estés dispuesto a poner las nubes bajo tus pies", ¡nos promete ahora nuestro Piloto celestial!

Descubrirás una maravillosa liberación de la esclavitud, ¡una gran libertad!

¡Encontrarás un nuevo deleite y una confianza maravillosa en la Palabra de Dios!

Experimentarás un resplandor, una iluminación y una fragancia que nunca antes habías conocido.

Nuestra mayor necesidad es estar dispuestos: tenemos que actuar con fe.

El Dr. A. B. Simpson escribió un himno que rara vez se canta ahora, por dos razones: la primera es que la melodía es difícil de cantar y la segunda es que muy pocos tienen la experiencia de la que él escribió.

Estas son las palabras:

> Tomo la mano del amor divino,
>> Cuento como mía cada promesa preciosa
>> Con esta fe eterna
>> La tomo y ¡Él se compromete!

> Te acepto a ti, bendito Señor,
>> Me entrego a ti;
>> Y tú, según
>> Tu Palabra, ¡cumplirás esas promesas!

Ahora bien, esta es la pregunta básica para cada uno de nosotros: ¿agarraremos de la mano de Dios todo lo que él ha provisto? Él ya se ha comprometido por nosotros. ¿Tomaremos "la mano del amor divino" y "contaremos como nuestras cada preciosa promesa"?

Hermanos, Dios espera tu fe y tu amor sin preguntar de quién es la interpretación de las Escrituras que has aceptado. El Nuevo Testamento habla de creyentes que se reunieron y oraron juntos, los fuertes asumiendo las cargas de los débiles, y todos orando por los que habían caído. El lugar se estremeció y todos quedaron llenos del Espíritu Santo.

"No presten atención a eso", nos han dicho los "intérpretes". "Eso no es para nosotros". Así que ha sido descartado por la interpretación, y la bendita Paloma se ha visto obligada a plegar sus alas y callar.

Nuestros corazones nos dicen que estos escribas modernos, que se extienden en la interpretación de las Escrituras, están equivocados. Nuestras propias almas anhelantes nos dicen que los antiguos santos así como también los escritores de himnos y de devocionales tenían razón.

Hace años, Paul Rader predicó un poderoso sermón sobre el tema de que "del interior [del hombre] correrán ríos de agua viva" (Juan 7:38). Más tarde, dos hombres que habían escuchado el sermón le pidieron al señor Rader que se reuniera con ellos para comer y conversar. Uno de los hombres comenzó diciendo: "Señor Rader, usted predicó un buen sermón, pero está equivocado dispensacionalmente". El otro añadió: "Señor Rader, usted es un buen predicador y un buen hermano; el problema es que tiene una interpretación equivocada".

Tengo entendido que el señor Rader no respondió. Inclinaron la cabeza para orar antes de comer y, cuando el señor Rader miró por fin al otro lado de la mesa al primer hermano, vio que algo había sucedido. Las lágrimas corrían por el rostro del hombre y sus hombros temblaban de emoción.

Finalmente pudo decir: "Hermano Rader, nosotros tenemos la interpretación, pero ¡usted tiene los ríos de bendición!".

Algunos van a seguir avanzando con aridez, ¡apegándose a la interpretación! Pero otros queremos la bendición de Dios, el mover de Dios y lo mejor de él para nuestras vidas ¡a cualquier precio! Tenemos la Palabra del Salvador en cuanto a que el Espíritu Santo ha venido a nosotros en nuestro mundo actual. Él es mío y también es tuyo, él es ¡nuestra dulce posesión!

Ningún hombre puede establecer las reglas sobre cuánto puedes tener de Dios. El propio Señor ha prometido que, en lo que a él concierne, está dispuesto a mantener las velas de su alma ardiendo intensamente.

CAPÍTULO 11

ALERTA: ¡TU AUTOSUFICIENCIA TE PERJUDICA!

"Si fuese cierto que el Señor pone al cristiano en una estantería cada vez que fracasa o hace algo mal, ¡a estas alturas yo ya sería una pieza de escultura!".

E l hábito muy humano del hombre de confiar en sí mismo es generalmente el último gran impedimento que bloquea su camino hacia la victoria en la experiencia cristiana.

Incluso el apóstol Pablo, escribiendo en sus cartas del Nuevo Testamento, confesó que su confianza en Dios estaba en proporción completamente opuesta a su autosuficiencia. Pablo dejó muy claro que solo después de renunciar a la última inclinación a confiar en sí mismo se sumergió en la suficiencia de Cristo.

Podemos aprender mucho de las experiencias de Pablo y de la humildad de su testimonio: "Porque yo sé que en mí ... nada bueno habita" (Romanos 7:18). Había descubierto que entregarse plenamente a Dios y a la voluntad de Dios significaba que primero debía llegar a una desconfianza total y radical en sí mismo.

Después de que estuvo dispuesto a ver dentro de su propio ser, Pablo ya no tuvo más confianza en sí mismo y no podía decir lo suficiente contra sí mismo. Pero cuando salía a predicar el evangelio de Cristo, parecía estar seguro y muy confiado porque había encontrado a Dios y podía declarar francamente que "tenemos este tesoro en vasijas de barro para que se vea que tan sublime poder viene de Dios y no de nosotros" (2 Corintios 4:7).

Pablo era lanzado continuamente al combate espiritual y declaraba a Jesús como Cristo y Señor. Él conocía la bendición y el poder de operar desde una posición fuerte: el hecho era que no se hacía ilusiones consigo mismo y dependía completamente del Espíritu de Dios.

"Por la gracia de Dios soy lo que soy" (1 Corintios 15:10), dijo.

"Yo soy el más insignificante de los apóstoles ... ni siquiera merezco ser llamado apóstol" (1 Corintios 15:9), escribió.

"Cristo Jesús vino al mundo para salvar a los pecadores, de los cuales yo soy el primero" (1 Timoteo 1:15), reconoció.

Todo esto se suma a una sorprendente declaración de verdad sostenida no solo por Pablo sino por todos los grandes santos que han realizado hazañas para Dios. Todos ellos nos recordarían que quienes insisten en confiar en su propia suficiencia nunca obtendrán la victoria deseada en el combate espiritual, pues presumirán vanamente de sus propias fuerzas.

Para llegar a ser hombres de Dios eficaces, entonces, debemos saber y reconocer que toda gracia y toda virtud proceden únicamente de Dios, y que ni siquiera un buen pensamiento puede salir de nosotros si no procede de él.

La confianza en uno mismo es sutil

Creo que la mayoría de nosotros puede citar alegremente las Escrituras sobre las lecciones que Pablo aprendió sin llegar realmente a este punto de desconfianza total en nosotros mismos y en nuestras propias fuerzas. Nuestra desconfianza con nosotros mismos es algo tan sutil que sigue susurrándonos incluso después de que estemos seguros de que ha desaparecido.

En nuestra búsqueda de Dios y de la victoria, quizás nos hemos despojado de todos los pecados que nos han atormentado. Hemos tratado de lidiar con todos los pecados propios que conocemos, permitiendo que sean crucificados. En este punto hemos dejado de jactarnos, y estamos seguros de que hemos dejado de amarnos a nosotros mismos. Puede que en el proceso nos hayamos humillado y acercado públicamente al altar para confesar nuestra necesidad y orar.

Ahora bien, esta es mi advertencia: después de habernos humillado, existe la posibilidad de que nuestra sutil autosuficiencia resulte ser más fuerte que nunca, pues tiene un mejor cimiento sobre el cual construir. Después de haber dejado nuestros pecados y renunciado a nuestra voluntad y después de haber adoptado una postura de confesión y humildad, nuestra autoconfianza se apresura a susurrar su consuelo en lo más profundo de nuestro ser. A menudo, cuando esto ha sucedido, los cristianos han cometido el error de creer que ese susurro consolador procede del Espíritu Santo, y por eso somos tan débiles cuando nos creemos fuertes.

¿Cuál es el susurro que tal vez llegue a lo más profundo de nuestro ser?

"Realmente has recorrido un largo camino y has avanzado muy por delante de los demás", es probable que te susurre la autoconfianza. "Has dejado atrás el pecado y te has humillado. Serás poderoso porque no eres uno de los muertos. Puedes confiar en ti mismo ahora porque has dejado mucho atrás, te has separado de tus amigos y porque has pagado un precio. Realmente estás llegando a donde debes estar. Ahora tendrás la victoria, ¡con la ayuda de Dios, por supuesto!".

A eso lo llamo una especie de "favorecimiento mutuo", y nuestro viejo yo sabe exactamente cuándo hacerlo porque nos sienta muy bien en términos de consuelo y comodidad. Es el proceso de volver a confiar en uno mismo, y casi toda la alegría que conoce el cristiano promedio es el favorecimiento que le da el yo.

Cuando tu yo te susurre la seguridad de que eres diferente, ¡cuidado! "Eres diferente", te susurra el yo, y luego añade la prueba. "Has renunciado a suficientes cosas como para convertirte en un cristiano separado. Te encantan los himnos antiguos y no soportas las tonterías modernas. Tienes una buena norma: ¡nada de esas películas y nada de estas cosas modernas para ti!".

No sabes realmente lo que te está pasando, pero a estas alturas te sientes bastante bien con todo. Pero la buena sensación proviene estrictamente de ser mimado, consolado y favorecido por un yo que se ha negado a morir. La confianza en uno mismo sigue ahí, ¡y tú pensabas que había desaparecido!

Nuestro gran estímulo

Ahora bien, ¿cuál es nuestro gran estímulo en vista de todo lo que sabemos de nosotros mismos? Es el hecho de que Dios nos ama sin medida y que está tan vivamente interesado en nuestro crecimiento y nuestro progreso espiritual que permanece fielmente a nuestro lado para enseñarnos, instruirnos y disciplinarnos como a sus queridos hijos.

Una vez escribí algo sobre cómo nos ama Dios y lo queridos que somos para él. No estaba seguro de si debía ponerlo por escrito, pero Dios sabía lo que quería expresar. Dije: "La única excentricidad que puedo descubrir en el corazón de Dios es que un Dios como él ame a unos pecadores como nosotros". Dios tiene esa extraña excentricidad, pero sigue sin responder a nuestra pregunta: "¿Por qué nos amó Dios?".

En esta tierra, cualquier madre amará al hijo que la ha traicionado, que ha pecado y que, ahora, va camino a una cadena perpetua. Eso parece ser algo natural para una madre pero, en el amor de Dios, no hay nada natural. Es algo divino: es forzado por la presión interior dentro del corazón de Dios. Por eso nos espera, nos soporta, desea llevarnos adelante: porque él nos ama.

Así que puedes depositar toda tu confianza en Dios. Él no está enojado contigo, su querido hijo. No está esperándote para abalanzarse sobre ti y juzgarte: él sabe que somos polvo, pero es amoroso y paciente con nosotros.

Si fuese cierto que el Señor pone al cristiano en una estantería cada vez que fracasa o hace algo mal, ¡a estas alturas yo ya sería una pieza de escultura! Conozco a Dios y sé que no es esa clase de divinidad. Él traerá juicio cuando sea necesario, pero las Escrituras dicen que el juicio es la extraña obra de Dios. Donde hay toda una vida de rebelión, incredulidad endurecida, amor al pecado y rechazo flagrante a su amor y su gracia, caerá el juicio. Pero en cuanto a sus queridos hijos, Dios vela por nuestro crecimiento y madurez espiritual; por eso trata de enseñarnos lo necesario que es que confiemos en él por completo y que desconfiemos totalmente de nosotros mismos.

Desconfiemos completamente de nosotros mismos

Hay al menos tres formas que Dios puede utilizar para enseñarnos esta necesidad de desconfiar completamente de nosotros mismos.

En ocasiones, esta lección de Dios ha venido por santa inspiración. Supongo que la mejor y más fácil manera de descubrir que uno no es bueno es que Dios le haga llegar, de repente, ese conocimiento a su alma. Sé que eso les ha sucedido a algunas personas. Pienso en los escritos del santo hermano Lawrence que testificó que Dios le dio la visión y el conocimiento de sí mismo de tal manera que por años persistió en no estar fuera de la presencia consciente de Dios.

"Cuando tomé la cruz, decidido a obedecer a Jesús y a andar en su santo camino, sabía que podría ser llamado a sufrir", escribió el hermano Lawrence. "Pero, por alguna razón, Dios nunca me consideró digno de mucho sufrimiento. Simplemente me permitió seguir confiando en él por completo después de que dejé a un lado toda mi confianza en mí mismo. Por tanto, mi vida era llevar su cruz; creer que él siempre está en mí, a mi derredor y cerca de mí; y orar sin cesar".

Juliana de Norwick también escribió en su libro sobre una bondadosa experiencia que tuvo cuando Dios, por santa inspiración, iluminó su corazón, y se dio cuenta al instante de que no valía nada en sí misma y que Jesucristo lo era todo.

En este punto seguro que alguien dirá: "Pero señor Tozer, yo ya sé que soy malo. Creo en la depravación total".

Mi respuesta es la siguiente: ¡Es posible ser un firme creyente en la depravación total y seguir siendo tan orgulloso como Lucifer! Es posible creer en el pecado imperante y seguir confiando en uno mismo, de tal manera que el rostro de Dios se oculte y salgamos derrotados.

Aquí se trata de otra cosa, no de la depravación total que proclama la teología. Puede que no entendamos cómo podemos heredar el mal de nuestros padres, pero no hay discusión con el hecho de que tan pronto como somos lo suficientemente grandes como para pecar, nos metemos directamente en el pecado. Eso es cierto para todos los niños de todas las razas y de todas las nacionalidades: nacemos malos y, en ese sentido, todos somos iguales.

La lección que tratamos de sacar aquí es la necesidad de que Dios revele por el Espíritu Santo la debilidad absoluta del hijo de Dios que todavía confía en sí mismo. Un maestro puede decirte que eres débil y que todos tus actos de justicia no son más que trapos de inmundicia y aun así puedes ir a la escuela, obtener un gran título y salir orgulloso a trabajar como misionero, predicador o maestro de Biblia. Nuestra condición egoísta —si todavía confiamos en nosotros mismos— solo nos la puede demostrar el Espíritu Santo. Cuando eso ocurra y nos apoyemos solo en él, conoceremos esa "presencia consciente" en la que el hermano Lawrence vivía y se regocijaba continuamente, día tras día.

Otra forma en la que podemos tener que aprender esa lección divina es con azotes, duros por cierto. Es probable que esto me haga parecer que soy del siglo quince, pues no es popular en nuestros días. Es más probable que armemos una fiesta y tratemos de complacer un poco a todos antes que declarar fielmente que nuestro querido Padre celestial puede utilizar el castigo para enseñar a sus hijos a desconfiar de sí mismos.

En realidad, preferiría predicar a partir del Salmo 23 todos los domingos durante un año. Luego retomaría el capítulo 53 de Isaías y, después de mucho tiempo, llegaría al capítulo 13 de Primera de Corintios.

Pero si hiciera eso, ¿qué le pasaría a la congregación mientras tanto? ¡El rebaño de Dios se convertiría en el grupo de inútiles más blando, sensible y delicado que jamás se haya reunido!

Necesitamos una dieta sólida

El Señor tiene que darnos escarmiento, disciplina y duros azotes a veces. Ninguno de ustedes alimentaría a sus hijos

150

continuamente con una dieta de galletas de azúcar: perderían los dientes. Debe haber una dieta con alimentos sólidos, nutritivos, si queremos que sean vigorosos y estén saludables.

Hablamos de duros azotes e inmediatamente pensamos en Job, aquel hombre del Antiguo Testamento. Sentimos mucha compasión por Job y, por simpatía humana, muchos se ponen de parte de Job contra Dios; ah ¡y desde luego contra su mujer! Pero ¿te has dado cuenta de que Job estaba lejos de ser humilde, a pesar de ser un hombre que oraba y que hacía sacrificios por la posibilidad de que sus hijos pudieran haber pecado en sus fiestas? Sin embargo, finalmente le oímos decir en ese largo discurso: ¡Cómo añoro los meses que se han ido, los días en que Dios me cuidaba! ... ¡Cuando ocupaba mi puesto en el concejo de la ciudad y en la plaza pública tomaba asiento!" (Job 29:2, 7).

Era un "gran jefe", ya sabes... eso es lo que hacían los jefes. Tenía un puesto jerárquico en el concejo de la ciudad, en la plaza, donde se sentaban los hombres a deliberar.

"Los jóvenes al verme", dijo, "se hacían a un lado y los ancianos se ponían de pie" (29:8).

¿Quién es ese que viene por la calle? ¡El honorable señor Job!

"Oh, aquí estoy ahora, echado en este montón de ceniza", dijo. "Me han expulsado. Nadie votaría por mí ahora, pero hubo un día en que los jefes se abstenían de hablar y se tapaban la boca con las manos" (ver Job 29:9).

El hermano Job no era un vulgar recogedor de trapos: ¡era un gran hombre! Pero él lo sabía, y ese era el problema, por eso le sucedieron esas cosas tan duras. Si tú eres grande y, por casualidad, lo sospechas; y eres hijo de Dios, las cosas empezarán a pasarte a ti también.

Al fin, al ver la majestad y el poder de Dios, Job dijo: "Reconozco que he hablado de cosas que no alcanzo a comprender, de cosas demasiado maravillosas que me son desconocidas". Solo entonces el Señor pudo decirle: "¡Muy bien, Job, ahora ora por los demás!" (ver Job 42). Así que Job oró por los que habían intentado consolarlo, y Dios le devolvió el doble de lo que poseía anteriormente (ver 42:10).

Hay una tercera manera, también, en la que Dios puede estar tratando de lidiar con la debilidad de nuestra confianza en nosotros mismos. Si estudiamos la Biblia, estamos familiarizados con este método; puesto que con él se disciplina a los que padecen múltiples tentaciones.

Algunos cristianos son propensos a hundirse en el desánimo cuando se enfrentan a las tentaciones, pero creo que estas disciplinas deberían convertirse en un estímulo espiritual para nosotros. Dios no permite que las tentaciones y las pruebas nos lleguen porque esté tratando de ponernos en evidencia; él trata con nosotros por este medio porque somos cristianos, somos sus hijos. Él está tratando con nosotros en medio de las tentaciones porque ha encontrado que nuestra conciencia es lo suficientemente tierna para escuchar y porque estamos dispuestos a ser atraídos más a él. Solo intenta enseñarnos esta lección necesaria para que no confiemos demasiado en nosotros mismos.

Así que cuando vengan las tentaciones, no debes tirar la toalla y decir: "¡Oh Dios, supongo que esto demuestra que no me quieres!". Por el contrario, debe ser una señal para ti

—mientras superas las pruebas por su gracia— de que estás más cerca de tu hogar eterno.

Hay ejemplos bíblicos de hombres de Dios que fueron zarandeados en el curso de esas pruebas. Piensa en el cobarde Pedro y cómo negó al Salvador cuando unos hombres malvados lo arrestaron y lo sometieron a la burla, al juicio, antes de llevarlo al Calvario para crucificarlo. Pedro, esa vez, pasó un terrible momento. Fue un camino difícil, pero fue una lección muy poderosa del Padre celestial, revelándole lo ineficaz que sería como creyente si seguía confiando en sus propias fuerzas.

Dios debe exponernos

Ninguno de nosotros puede saber realmente lo débiles e inútiles que somos hasta que Dios nos prueba, y nadie quiere ser probado. Pero Dios sabe mucho mejor que nosotros que debe probarnos por nuestro propio bien.

Ninguno de nosotros sabe realmente lo inestables que somos hasta que el Espíritu Santo nos somete a prueba. Pedro era un pescador grande, audaz y fuerte, al que le pareció fácil decirle al Señor: "No importa que todos los demás huyan, yo siempre estaré a tu lado. Puedes contar conmigo, Maestro". Estoy seguro de que le costó aceptar la respuesta que le dio Jesús: "¡Antes de que cante el gallo, esta noche, dirás tres veces que no me conoces!". Pero Jesús conocía la inestabilidad del hombre que aún intentaba mantenerse en pie por esfuerzo propio y por su propia confianza en sí mismo.

No sabemos realmente lo inestables que somos y, a menudo, nos negamos a admitir la verdad cuando lo descubrimos, cuando nos vemos expuestos. Por eso es demasiado peligroso confiar en nuestras buenas costumbres y en nuestras virtudes, y por eso nuestra desconfianza en nosotros mismos debe ser obra de la mano de Dios.

Oh, hermanos, él es nuestro Dios, y este es mi consejo: ámenlo, confíen en él y dependan solamente de él. Si insistimos en confiar en nosotros mismos, en nuestro entrenamiento, en nuestra educación, en nuestros talentos y en nuestro juicio humano, hacemos a Dios menos de lo que es, y hacemos al hombre más de lo que es. Le quitamos la gloria a Dios y se la damos a nuestro yo convertido y santificado; y eso es vergonzoso, porque le quita —a Dios— la confianza definitiva y final. Incluso aunque digamos que sabemos que Dios es la Fuente y el Manantial de todas las cosas, y recitemos sus atributos y nos convirtamos en expertos en teología, podemos seguir creyendo en nuestro corazón que somos más de lo que realmente somos.

Aquí es donde necesitamos arrepentimiento y perdón. Recuerdo que el hermano Lawrence, al escribir sobre el modelo de la victoria en el camino diario con Dios, dio una solución simple y directa a los fallos y a las malas acciones. Aconsejó que si alguna vez cometemos un desliz y hacemos algo malo, no debemos ignorarlo ni dejar de confesarlo, ni tampoco perdonar si es el caso.

"Me dirigía directamente al Señor y le decía: 'Señor, ese soy yo; si no me perdonas y me ayudas, no sé qué puedes esperar, pues ese soy yo'. Entonces, Dios me perdonó, y seguí adelante a partir de ahí", es lo que el hermano Lawrence, en esencia, escribió.

Algunas personas insisten en que el arrepentimiento y el perdón deben ser un asunto largo y prolongado, pero no estoy de acuerdo en que deba ser necesariamente así. Creo que el mejor arrepentimiento es volverse a Dios y alejarse del pecado, ¡y no hacerlo más! Ese es el mejor arrepentimiento que existe. ¿Por qué tardamos tanto en poner toda nuestra confianza en Dios, cuando él ha hecho que sea tan sencillo y tan gratificante entregarle lo que somos?

CAPÍTULO 12

¿CUÁNTO TIEMPO PUEDES DESPRECIAR A CRISTO?

"¿Cuánto tiempo deberíamos tardar en rendirnos por completo a aquel que ha sido hecho Señor y Cristo a la vez, y que nos ama con amor eterno?".

¿**A**lguna vez has oído decir a alguno de nuestros modernos activistas cristianos: "Sigo buscando la mejor doctrina sobre la santidad" o "¡No sé cuándo encontraré una doctrina sobre la vida espiritual más profunda que me resulte satisfactoria!?".

En realidad, solo hay una respuesta a este tipo de búsqueda: fija tus ojos en Jesús y comprométete plena e íntegramente con él porque él es Dios y Cristo, Redentor y Señor, es "el mismo ayer, hoy y siempre" (Hebreos 13:8).

En estos asuntos de bendición y victoria espirituales, no tratamos con doctrinas; tratamos con el Señor de toda doctrina. Estamos tratando con una Persona que es la resurrección y la vida y la fuente de la que fluye toda doctrina y toda verdad.

¿Cómo podemos, entonces, ser tan ignorantes y tan torpes que intentemos hallar respuestas espirituales y encontrar la vida abundante mirando más allá del único que ha prometido que nunca cambiaría? ¿Cómo podemos despreciar tan fácilmente al Cristo que tiene una autoridad ilimitada en todo el universo? ¿Cuánto tiempo deberíamos tardar en rendirnos por completo, y sin reservas, a Aquel que ha sido hecho a la vez Señor y Cristo y que —sin embargo— continúa siendo el mismo Jesús que nos sigue amando con un amor eterno?

No quiero detenerme nunca ni alegar que sostengo las doctrinas correctas y apropiadas, porque sé que la única justicia que puedo poseer es la que Dios me imparte. No reclamo nada, mi testimonio es el mismo que expresa la oración de Martín Lutero: "¡Oh, Señor Jesús, tú eres mi justicia; yo soy tu pecado!".

El único pecado que tuvo Jesús fue el mío, el de Lutero y el de usted, y la única justicia que podemos tener es la de él.

Cristo no cambia

Parece que nos cuesta mucho comprender la importancia del hecho de que Cristo no cambia y que no hay variación en su carácter, en su naturaleza, en sus recursos, en su amor ni en su misericordia.

Debido a que el cambio nos rodea en todo momento —en esta tierra y entre los seres humanos— nos resulta difícil captar la naturaleza eterna e inmutable de la persona de Jesucristo. Somos muy conscientes de que si elevamos a un hombre, le damos una alta posición con gran influencia y mucho dinero, ¡va a cambiar! Puede que no se dé cuenta y a menudo lo negará, pero no va a ser el mismo en carácter, actitud, hábitos y forma de vida. Se volverá orgulloso ¡y hasta distante y antipático! Probablemente pondrá la nariz en alto y le costará reconocer a sus antiguos amigos.

Sin embargo, nada acerca de nuestro Señor Jesucristo ha cambiado hasta este instante. Su amor no ha cambiado. Ni se ha enfriado ni necesita aumentar porque él nos ama con amor infinito y no hay forma de que esa infinitud pueda ser alterada. Su compasiva comprensión por nosotros no se ha modificado. Su interés por nosotros y sus propósitos para con nosotros no han cambiado.

Él es Jesucristo, nuestro Señor. Es el mismo Jesús. Aunque haya sido resucitado de entre los muertos y sentado a la diestra de la Majestad en los cielos, y hecho Cabeza sobre todas las cosas a la Iglesia, su amor por nosotros permanece inalterable. Aunque se le ha dado toda autoridad y poder en el cielo y en la tierra, él es el mismo Jesús en cada detalle. ¡Él es el mismo ayer, hoy y siempre!

Nos resulta difícil aceptar la majestuosa sencillez de este Jesús constante y hacedor de maravillas. Estamos acostumbrados a que nos cambien las cosas para que sean siempre más grandes y mejores.

Hay un hombre importante, del Antiguo Testamento, que nos representa a todos en nuestra humanidad. Estaba afligido por la lepra y quería que el profeta de Dios acudiera a él para que lo sanara. Pensó en todo. Se imaginó al hombre ante él, adoptando una pose noble. Supuso que, en una forma muy digna y apropiada, le diría a la lepra: "¡Vete! ¡Sal de este cuerpo!". Pero el profeta hizo algo extraño, cosas de profetas, tú sabes. Le dijo que debía agarrar su orgullo e ir al río Jordán a bañarse en las aguas de su corriente para ser sanado. Sin embargo, fue Dios el que le pidió que hiciera algo tan sencillo como eso.

Tú y yo no siempre estamos satisfechos con la forma en que Dios trata con nosotros. Nos gustaría mucho hacer algo nuevo, algo difícil, impactante, algo grande y dramático; pero se nos insta a volver a lo elemental de la fe. Se nos insiste en que la verdadera esencia de la fe radica en la sencillez de confiar en Jesucristo y en su carácter inmutable.

Jesús, el Hermano que lleva la imagen tuya a la diestra del Padre, que conoce todos tus problemas, tus debilidades, tus pecados y que te ama, a pesar de todo.

El mismísimo Jesús, Salvador y Abogado que está ante el Padre asumiendo toda la responsabilidad por ti, defendiéndote y librándote de toda condena bien merecida. Jesús, el amigo más humilde que jamás hayas tenido.

El Jesús que brilla sobre nosotros como sol de justicia, estrella de la mañana. Ese Jesús que nos dio vida, que es la roca de nuestra esperanza. Nuestra seguridad y nuestro futuro. Es nuestra justicia, nuestra santificación, nuestra herencia. Él es todo eso y más. Y descubres eso en el instante en que diriges tu corazón, con fe, hacia él.

Bueno en el juego de pies

Muchos de nuestros cristianos son activistas: son buenos en el trabajo que hacen y están comprometidos en muchas áreas religiosas, pero no parecen acercarse más a Jesús en corazón y en espíritu. Este énfasis religioso moderno en la actividad me recuerda a los ratones japoneses que he visto en los escaparates de las tiendas de animales. No te detengas a verlos si eres un individuo nervioso. No sé por qué los llaman ratones bailarines, porque no bailan; simplemente corren constantemente. Creo que deben ser fundamentalistas, hermanos en la fe; porque están en movimiento todo el tiempo. Algunos cristianos parecen creer que ese moverse tanto es una característica de espiritualidad, por lo que asisten a banquetes, seminarios, talleres, conferencias y cursos, noche tras noche, semana tras semana.

Eso, naturalmente, trae a colación algunas lecciones del Nuevo Testamento, como la de las hermanas Marta y María. Creo que estaba claro que Marta amaba a Jesús, pero su concepto de devoción era la actividad. Era una muchacha activa y creía que puesto que amaba al Señor, debía estar haciendo algo todo el tiempo para demostrarlo. María también amaba al Señor Jesús, aunque con una actitud diferente en su devoción. Ella se ocupaba, fervientemente, a las cosas del espíritu. Amaba mucho a Dios. Y nuestro Señor conocía todo eso. Conocía la diferencia entonces como la conoce hoy.

En realidad, la manía por la actividad que tienen muchos creyentes hoy aporta pocos beneficios a nuestros círculos cristianos. Si echas un vistazo a nuestras iglesias, encontrarás grupos de personas medio salvadas, medio santificadas, carnales totalmente, que saben más de sutilezas sociales y de farándula que del Nuevo Testamento; que saben más de historias de amor y telenovelas que del Espíritu Santo.

Cuando se reúnen, no tienen problemas para idear cosas qué hacer, pero dudo en cuanto a si todas esas cosas hay que hacerlas en nombre del Señor.

No basta con ir corriendo a otra reunión, a otra discusión, a otro diálogo. Jesús elogió a María por conocer el valor de la única cosa que es necesaria: que Dios sea amado y alabado por encima de cualquier otro asunto que pueda ocuparnos corporal o espiritualmente. María estaba fervientemente ocupada en espíritu por el amor de su Dios. Eso me gusta, aunque sé que suena extraño y casi herético para nuestros activistas de hoy.

Mi ruego es que no nos conformemos con seguir siendo cristianos de "apariencia". Este tipo de cristiano vive —en gran medida— para lo externo del cristianismo y, por ello, descuida tristemente tanto su vida interior como su crecimiento.

Recordemos lo que sucedió cuando Jesús les dijo a los discípulos: "Vayan por todo el mundo y anuncien las buenas noticias a toda criatura" (Marcos 16:15).

Pedro se levantó enseguida, agarró su sombrero y se habría puesto en camino, pero Jesús lo detuvo y le dijo: "¡Todavía no, Pedro! No te vayas así. Quédate hasta que seas investido del poder de lo alto, ¡entonces, vete!".

Creo que nuestro Señor quiere que aprendamos más de él en cuanto a la adoración antes que en ocuparnos de él. Quiere que tengamos un don del Espíritu, una experiencia interior del corazón, como nuestro primer servicio, y de ahí crecerán las actividades profundas y divinas que se necesitan.

Aficionados religiosos

Hace años oí al Dr. Oliver Buswell advertir que nuestras iglesias evangélicas estaban empezando a sufrir lo que él llamaba "una erupción de amateurismo". Él no sabía cuán profético era, pues ahora tenemos aficionados religiosos corriendo en todas direcciones. Estamos invadidos de ellos.

Lo primero que les decimos a nuestros jóvenes conversos, a los bebés en Cristo, es: "Aquí tienen un puñado de folletos: ¡ahora salgan y pónganse a trabajar!".

El Señor, sin embargo, no dijo eso. Él habló de lo primero y más necesario: estar fervientemente ocupado en espíritu guiado por el amor a la divinidad de Cristo; amarlo y alabarlo por encima de cualquier otro asunto, fuese espiritual o no. Eso es lo que significa amar a Dios, ser una persona espiritual, tener un afecto ordenado y medido, claramente dirigido a Dios mismo. Esto es más que el destello de un sentimiento o una emoción espiritual: ¡no tiene necesariamente nada que ver con que se le erice la piel a uno!

Un derramamiento ordenado y medido de nuestro amor y nuestro afecto, lo cual no puede hacerse sin cierta implicación de las emociones. Pero no es como un día lluvioso en el que un chaparrón puede derramarse en unas pocas horas seguido por un período de sequía de varias semanas. Es un amor mostrado y comprobado por el Señor Jesucristo, derramándose continuamente, en orden y comedido.

Conocer y amar al Cristo inmutable con este tipo de adoración evitará que caigamos en una serie de trampas sutiles que han acosado por mucho tiempo a los creyentes inestables.

Evitará que tropecemos con la "gente". Tú seguirás sintiendo tu anhelo por Dios, pero ya no tropezarás con las imperfecciones de los hombres y mujeres que te rodean. Fue Tomás de Kempis quien escribió en *La imitación de Cristo*, lo siguiente: "Si quiere tener paz en su corazón, no indague demasiado en los asuntos de los demás". De modo que si dedicas tiempo a examinar a tu hermano cristiano, descubrirás que le faltan algunas cosas. No olvides que todos los ídolos tienen pies de barro.

Tenemos la clara enseñanza de que el Señor no quiere que sus hijos se conviertan en "adoradores de santos". Él no quiere que te conviertas en un creyente que adora a los predicadores o en un adorador de maestros. Dios quiere liberarte del mejor hombre que conozcas para que —si acaso muere o sucede cualquier otra cosa que lo aleje— no te apartes del camino.

Los elogios de la gente

Otra cosa que sabemos es que este tipo de amor y devoción evitará que tropieces con las alabanzas de la gente. Soy de la opinión de que quizá los halagos que la gente intenta hacernos son más peligrosos para nuestro camino cristiano que los reproches que nos lancen.

El diablo quiere que creamos que somos santos y superiores a los demás cristianos: ¡así es como nos atrapa! Por eso consigue que otras personas nos digan lo bien que lo estamos haciendo y cómo pasamos por encima de otros cristianos que no son humildes y de corazón cálido "como nosotros".

Cada vez que des un nuevo paso adelante con Dios, el diablo tendrá algún medio de comunicarte el hecho de que Dios está orgulloso de ti, y que eres maravilloso. Tan pronto como logre que te interese lo suficiente como para decir: "Sí, supongo que eso es cierto", ¡ya te ha atrapado, hermano!

Ahora bien, ¿qué pasa con las críticas que a menudo recibimos de nuestros compañeros cristianos? ¿Estás escondido en Cristo mismo y tan ocupado en el espíritu que haces poco caso de lo que los hombres hacen o dicen de ti?

He observado que mientras nos sentemos congelados en nuestra silla, sin hacer ningún progreso espiritual, nadie nos molestará. Nadie vendrá y pondrá un brazo alrededor de nuestro hombro y nos urgirá: "Ya has estado bastante tiempo en este monte: ¡levántate, pues, y cruza este Jordán!".

Sin embargo, si empezamos a cruzar el Jordán urgidos por nuestra propia sed y nuestro deseo espiritual, al menos catorce personas pedirán oraciones por nosotros preocupados porque estemos perdiendo la razón.

Durante mi ministerio rara vez me reprocharon que fuera frío cuando lo era y estaba bastante congelado. La gente no acude al pastor y le dice: "Usted ya no tiene el corazón cálido; ¿qué le ha pasado a su vida espiritual?".

DILE AL DIABLO: "¡ESCRITO ESTÁ!".

He llegado a la conclusión de que se puede ser reincidente y, en las filas de los cristianos evangélicos, nadie te tendrá en cuenta. No habrá reprimenda.

Por otro lado, ¡se lanzarán contra ti y te acusarán de presumir en cuanto empieces a buscar a Dios, en serio, para obtener la victoria y la bendición! Parece extraño que podamos estar en la fe cristiana y, sin embargo, ¡nos sangren las uñas y nos duelan las rodillas por cada centímetro de terreno que le arrebatemos al diablo!

¡Por eso tantos cristianos toman tan poco! Muchos de nosotros conquistamos, en realidad, más terreno espiritual cuando nos convertimos que ahora.

Hace muchos años recogí un trocito de papel impreso en una carretera enlodada de Virginia Occidental. Nunca sabré quién lo puso allí, pero sé que Dios planeó que yo lo viera y lo recordara.

Solo tenía un párrafo escrito y decía: "Solo hay dos cosas en este universo que son más grandes cuando nacen que cuando crecen. Una es la avispa y la otra es un miembro de la iglesia".

No sé lo de la avispa, pero sí sé que muchos miembros de la iglesia empiezan con ardor y luego miran alrededor y deciden que deben ser más como los otros cristianos: que están tranquilos. Pronto se tranquilizan como los demás. Lo asombroso es que tantas personas adopten la misma actitud y nunca lo noten.

Qué triste condición para los cristianos que están en la iglesia del poderoso Redentor y Libertador que es eternamente Vencedor, la Roca de los siglos. ¿Por qué no podemos reclamar todo lo que nos prometió?

Cristo es el mismo

En vista de que la enseñanza dispensacionalista actual sobre la interpretación de la Biblia, los apóstoles, los milagros divinos y la plenitud del Espíritu es tan amplia, debo recordarte que el Señor Jesucristo es el mismo ayer, hoy y siempre. Eso me permite decirte algo bendito y alentador que he comprobado que es cierto y que mantendré hasta el fin de los tiempos.

Este es mi hallazgo: no hay nada que Jesús haya hecho por cualquiera de sus discípulos que no vaya a hacer por cualquier otro de ellos.

¿De dónde sacaron los "divisores de la Palabra de Dios" su enseñanza de que todos los dones del Espíritu cesaron cuando murió el último apóstol? Nunca han proporcionado capítulo ni versículo para ello. Cuando algunos hombres golpean la cubierta de su Biblia para demostrar cómo se mantienen firmes en la Palabra de Dios, se les debería recordar que solo lo hacen basados en su propia interpretación de la Palabra.

No encuentro nada en la Biblia que diga que el Señor ha cambiado. Él tiene el mismo amor, la misma gracia, la misma misericordia, el mismo poder, los mismos deseos por la bendición de sus hijos. Tendrás que demostrármelo si adoptas la postura de que Jesucristo se niega a hacer por ti algo que hizo por cualquier otro de sus discípulos. Él es igual con todos y con todo.

Su actitud con los orgullosos no ha cambiado. En el registro bíblico, los hombres orgullosos que acudieron a Jesús recibieron un trato parejo. De alguna manera, nunca pudieron descubrir ese lado de Jesús que es gentil, amoroso, amable y misericordioso. Los orgullosos siempre llegaron al lado equivocado de Jesús, y obtuvieron lo que los orgullosos siempre obtendrán de él: justicia y juicio, reprimenda, advertencia y aflicción. Lo mismo ocurrió con los egoístas, los insinceros, los hipócritas: todos ellos se encontraron con el lado equivocado de Jesús.

Ya es hora de que a los artistas modernos, que pintan cuadros de Jesús, se les diga que no era un enclenque bonito y de pelo rizado. Se les debería decir la verdad: que él es el Cristo de Dios y que vendrá cabalgando por los cielos sobre un caballo blanco y con una espada en su mano. Que juzgará al mundo, llamará a todos los hombres a sus pies y lo honrarán por su majestad, su poder, su pureza y por la creación misma.

Él es el mismo Jesús: ¡Y siempre lo será!

Siempre es el mismo con el manso, el adolorido, el quebrantado de corazón, el pecador penitente. Su actitud siempre es la misma con los que lo aman, con las personas de corazón sincero. Las que se acercan a Jesús por el lado derecho y que nunca rechaza. Él está esperando para ofrecerles perdón. Está listo para consolarlos. Está aguardando con la bendición.

Él nos ama

No podemos entender esa disposición de Jesús a amarnos, ayudarnos y bendecirnos, porque en realidad no necesita de nosotros. Uno de sus atributos es la omnipotencia, de modo que no nos necesita. Pero el secreto de esto es que ¡nos ama!

Medita en un hombre que es presidente de una gran y próspera empresa. Tiene autos y aviones a su disposición, y cientos de personas que cumplirán sus órdenes de inmediato. Ese gran hombre tiene una hija de tres años. ¿La necesita? No, por supuesto que no, pero la ama y desea tenerla siempre. Su corazón responde a las necesidades y deseos de esa chiquilla.

Lo mismo ocurre con nosotros. Antes de que naciéramos, Dios ya era Dios, era el Señor Dios todopoderoso. Así que nunca nos ha necesitado. Ninguno de nuestros talentos y habilidades humanas es importante para él. Pero lo que él necesita es ¡nuestro amor y lo anhela!

El apóstol Juan apoyó su oído en el corazón palpitante del Hijo de Dios, por lo que el Señor reconoció su amor y su devoción, y dijo que era "el discípulo a quien Jesús amaba". También amaba al resto de los discípulos, pero no tanto porque ellos no le correspondían en la misma medida.

Jesús sigue siendo igual con aquellos que buscan su comunión. ¡Él quiere estar con aquellos que se dedican a cultivar su amor! Nuestra relación con él se resume a este simple hecho: ¡todo lo que tú necesites se encuentra en Jesucristo, el Hijo de Dios!

Él es Dios y es el Hijo del Hombre. Él es todo lo que el pecador culpable necesita, y es mucho más que la más anhelada expectativa del santo más consagrado. Nunca podremos superarlo. Nunca podremos aprender todo lo que él es capaz de enseñar. Nunca podremos utilizar todo el poder espiritual y la victoria que él puede proporcionarnos.

Es bueno que recordemos lo fuerte que es y lo débiles que somos nosotros. Yo resolví esta cuestión hace mucho tiempo. Puedo decir que he hablado con Dios más que con cualquier otra persona. He razonado más con Dios y he tenido conferencias más largas con él que con cualquier otro individuo.

¿Y qué le he dicho? Entre otras cosas, la siguiente: "Ahora, Señor, si hago las cosas que sé que debo hacer, y si digo lo que sé en mi corazón que debo decir, tendré problemas con la gente y con muchos grupos; no hay otra manera.

"No solo tendré problemas por adoptar mi postura, mi fe y mi franqueza, sino que —sin duda— me encontraré en una situación en la que seré seriamente tentado por el diablo.

Después, tras dedicarme a orar más y a hablar con el Señor, le dije: "¡Señor todopoderoso, acepto eso con los ojos abiertos! Conozco los hechos y sé lo que puede ocurrir, pero lo acepto. No huiré. No me esconderé. No me arrastraré ocultándome. Me atreveré a levantarme y a luchar porque estoy de tu lado, y sé que cuando soy débil, entonces soy fuerte".

Así que no permito que nadie me alabe e intento no prestar atención a los que me critican; veo que esto no es difícil, pues solo soy un siervo del hombre más santo que caminó por las calles de Jerusalén, a ese que llamaron demonio.

Así es como he aprendido a mantenerme firme por Cristo y por todo lo que él representa para los suyos.

CASA
CREACIÓN

Te invitamos a que visites nuestra página web, donde podrás apreciar la pasión por la publicación de libros y Biblias:

www.casacreacion.com

f   @CASACREACION

🐦   @CASACREACION

📷   @CASACREACION

Para vivir la Palabra